ullstein

FLORIAN WERNER (HRSG.)

MEINE BESSERE HÄLFTE

Musiker*innen erzählen über ihre Instrumente

ULLSTEIN EXTRA

Ullstein extra ist ein Verlag der
Ullstein Buchverlage GmbH
www.ullstein-extra.de
ISBN 978-3-86493-271-7

Übersetzung der Texte von Budgie, Matthew Herbert
und Steven Isserlis: Jochen Winter;
von Benjamin Koppel: Ulrich Sonnenberg;
von Robyn Hitchcock und Nils Petter Molvær: Florian Werner
Lektorat: Katharina Hellriegel-Stauder
Satz und Repro: LVD GmbH, Berlin
Gesetzt aus der Aldus nova Pro
Druck und Bindearbeiten: ScandBook, Litauen

INHALT

DER AUFTAKT

VON FLORIAN WERNER

Beziehungsstatus: Es ist kompliziert. Seit über vier Jahrzehnten bin ich nun schon mit meiner Bratsche zusammen, das ist doppelt so lang wie die Beziehung zu meiner Frau, länger als die meisten meiner Freundschaften – mein ganzes erwachsenes Leben. Meine Bratsche hat mich schon durch die USA, die Ukraine, durch Russland, Lettland, Polen, Rumänien, Ungarn, Tschechien, die Slowakei, Italien, Frankreich, Großbritannien, die Niederlande, Österreich und die Schweiz begleitet, sie wurde von argwöhnischen amerikanischen Zöllnern auf Sprengstoff untersucht und von misstrauischen russischen Grenzern für Hehlerware gehalten, sie war sengender provenzalischer Sonne und beißendem schottischen Nebel ausgesetzt, musste Abertausende von Stunden in verrauchten Kneipenhinterzimmern oder muffigen Backstage-Bereichen auf mich warten und blieb einmal sogar an einem Provinzbahnhof liegen – aber verlassen hat sie mich nie. Meine Bratsche ist eine der wenigen Konstanten in meinem Leben.

Trotzdem ist unser Verhältnis, wie gesagt, nicht ganz einfach: Zu sagen, es handle sich um »eine Art Hassliebe«, ist ein Klischee, kommt der Sache aber doch ziemlich nahe. Wie oft habe ich schon meine eigenen musikalischen Unzulänglichkeiten auf das arme Instrument projiziert! Wie oft habe ich meine Bratsche gequält, frustriert auf ihr herumgeschabt, ihr grässlich klagende Laute entlockt, wenn doch ich selbst es war, der hätte schreien mögen. Einmal, nach einem besonders traumatischen Auftritt, wollte ich sie auf der Hobelbank eines befreundeten Tischlers von ihren irdischen Qualen erlösen, Asche zu Asche, Holz zu Holz – zum Glück ging der Tischler dazwischen. Als es allerdings ein andermal bei mir im Haus brannte und die Rauchschwaden schon dicht im Zimmer standen, schnappte ich schlaftrunken als Erstes meine Bratsche, als handelte es sich um ein Kind, das es zu retten gälte. Frühmorgens um halb vier stand ich im Pyjama auf der Straße, das Instrument in der Hand, und fragte mich: Was ist das nur für eine merkwürdige Beziehung?

Denn was für mich als musikalischen Laien gilt, das gilt ja noch weitaus mehr für professionelle Musikerinnen und Musiker. Sie verbringen ungezählte Stunden mit ihrem Instrument, kennen jeden Winkel seines Klangkörpers, haben gemeinsame Routinen und Rituale: Obwohl es sich letztlich »nur« um einen unbelebten Gegenstand handelt, stellt es doch sehr viel mehr als ein Werkzeug zur Tonerzeugung dar. Das Instrument ist gewissermaßen eine Prothese, ein ausgelagerter Teil des menschlichen Körpers; oftmals der Teil, mit dem sich Musiker𝄽innen am besten artikulieren können. Wie wirkt sich dieses Zusammenleben auf die Beteiligten aus? Wie prägt der Mensch sein Instrument, wie das Instrument den Menschen? Welche Erinnerungen und Geschichten verbinden sie miteinander? Ja, handelt es sich bei dem jeweiligen Musikinstrument womöglich, wie man bisweilen von menschlichen Lebensgefährten sagt, um die »bessere Hälfte«?

Diese und ähnliche Fragen habe ich herausragenden Musikerinnen und Musikern gestellt und sie gebeten, von der Beziehung zu ihrem persönlichen Lebens- oder Lieblingsinstrument zu erzählen. Das musikalische Spektrum ist weit, es reicht von Pop über Klassik, Jazz, Blues und Rock bis hin zu entlegeneren ästhetischen Entwürfen wie Drone-Folk, Ambient Techno, Knochenflötenimprovisationen und osteuropäischem

Ska-Punk. Die Antworten sind so unterschiedlich wie die beteiligten Künstler𝄽innen und ihre Instrumente: Die Geigerin Anne-Sophie Mutter etwa pflegt eine absolut exklusive Beziehung zu ihrer Violine und lässt keinen anderen ihre Stradivari auch nur anfassen. Der Gitarrist Thorsten Nagelschmidt weint seit Jahren seiner gelben Gibson Les Paul Special hinterher, wagt aber nicht, dasselbe Modell noch einmal zu kaufen, weil er damit sein »eigentliches« Instrument betrügen würde. Der Tubist Andreas Martin Hofmeir preist das unvergleichliche Orangenblech seiner allerersten, altehrwürdigen Tuba Ursula (auch wenn mittlerweile eine jüngere Tubadame namens Fanny deren Platz eingenommen hat). Den Saxofonisten Benjamin Koppel plagt nach jahrzehntelangem Spielen eine Metallallergie, die ihn aber niemals von seinem geliebten Instrument fernhalten könnte. Der Cellist Steven Isserlis vermutet, dass in seinem Cello der Geist früherer Besitzerinnen wohne. Für die Jazz-Musikerin Aki Takase ist das Klavier »wie ein unersetzlicher Geliebter«. Der Sänger Jochen Distelmeyer hingegen begreift seine Gitarre auf keinen Fall als bessere Hälfte, sondern eher als inneren Kompass, als Fluggerät, ja, als pazifistische Waffe: »This machine kills fascists.«

Den Begriff Instrument habe ich bewusst weit gefasst. Natürlich, für Pianisten wie Michael Wollny oder Chansonniers wie Sebastian Krämer stellt der Flügel (beziehungsweise »die Klaviatur«) das bevorzugte Tonwerkzeug dar, und für Songwriter wie Frank Spilker ist es die Gitarre. Bei anderen ist es komplizierter: Sängerinnen wie Inga Humpe oder Bernadette La Hengst begreifen die menschliche Stimme als Musikinstrument. Für Yuriy Gurzhy, Mitbegründer und DJ der legendären »Russendisko«, ist es seine so umfangreiche wie eklektische Plattensammlung. Für den Musikproduzenten Console ist es das eigene (und katzenhaft eigenwillige) Tonstudio. Der Konzeptkomponist Matthew Herbert verarbeitete für eines seiner letzten

Werke ein ausgewachsenes Pferd zum Klangkörper. Und die Sängerin Balbina begreift die graue Masse in ihrem Schädel als Musikinstrument, mit dem sie ihre Inspirationen nach außen transportiert: »Ich muss so mit dem Gehirn spielen, dass sich in ihm für kurze Momente eine Sinfonie meiner Träume bildet.« Neben den üblichen Verdächtigen kommen außerdem auch ungewöhnliche Instrumente wie die Drehleier von Danielle de Picciotto, die Mandoline von Masha Qrella oder die Sitar von PeterLicht zu Gehör.

Zugegeben: Die Auswahl der Musiker𝄽innen ist subjektiv, sie spiegelt (wie sollte es anders sein?) persönliche Prägungen und Vorlieben des Herausgebers wider. Die zwischen apollinischer Schönheit und dionysischer Brachialität schwankenden Trompetensoli von Nils Petter Molvær gehören zu den prägenden Hörerfahrungen meines Lebens. Die manischen Beats des Siouxsie-and-the-Banshees-Schlagzeugers Budgie begleiten mich schon seit den Achtzigerjahren, ebenso die wundersam verschrobenen Songs des britischen Pop-Exzentrikers Robyn Hitchcock. Und dass die grandiose Bratschistin Tabea Zimmermann hier so liebevoll von ihrem Verhältnis zur Viola erzählt, von einer harmonischen Beziehung, die mir selbst mit meiner Bratsche nicht annähernd vergönnt war, ist mir natürlich eine besondere Ehre und Freude.

Über zwanzig Musiker𝄽innen und Dutzende verschiedener Instrumente sind auf den folgenden Seiten versammelt. Sie gruppieren sich zu Ensembles, bilden hier ein Streichtrio, da eine Band, dort einen Chor. Sie finden sich zu Proben, Quartett-Abenden und Jam-Sessions zusammen, spielen spontane Konzerte, die so noch nie stattgefunden haben, die vermutlich niemals stattfinden werden, ja, die wahrscheinlich überhaupt nur im Resonanzraum eines Buches möglich sind. Hören Sie gut hin! Welche Stücke oder Songs dabei erklingen – das ist allein Ihrer Fantasie überlassen.

DIE ERSTE

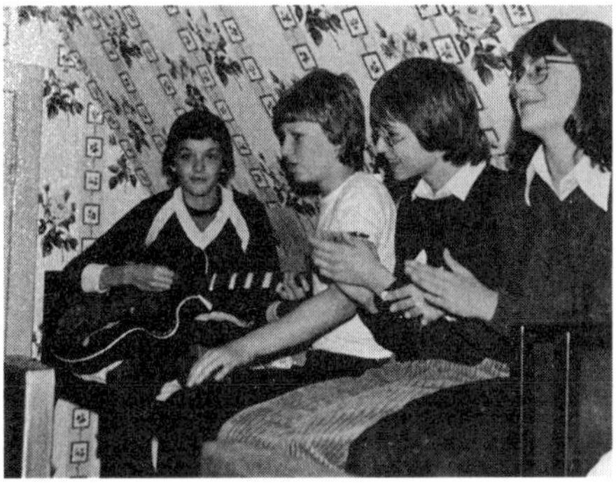

VON FRANK SPILKER

Meine Erste war eine Framus aus den Sechzigerjahren, die ein Freund meines Bruders auf dem Dachboden liegen hatte und die erst noch restauriert werden musste, bevor man sie benutzen konnte. Genauer: Sie hätte restauriert werden müssen, damit man sie hätte benutzen können. Ich benutzte sie trotzdem und lernte meine ersten Akkorde auf ihr.

Obwohl es auch sehr gute Gitarren von dieser Firma gab, sind die meisten der heute nur noch gebraucht erhältlichen Exemplare billige Kaufhausmodelle, die notorisch schlecht verarbeitet sind. So schlecht, dass sie sich, wie meine, gar nicht wirklich stimmen lassen. Ich drehte an den Wirbeln herum und wusste nicht, woran es lag, dass bei mir kein einziger Akkord gerade herauskam. War ich etwa untalentiert? Es gab leider niemanden, der mir helfen konnte, und mir kam nicht einmal der Gedanke daran, dass es vielleicht gar nicht an mir, sondern an der Gitarre liegen könnte.

Trotzdem war die Framus meine erste große Liebe. Ich schleppte sie mit auf die Jugendfreizeit in der Lüneburger Heide, klebte ihr eine rote Rose auf den Korpus und gab erste Konzerte oben auf einem der Doppelstockbetten, während meine Mitmusiker auf den anderen Doppelstockbetten saßen und sangen. Zusammen »performten« wir die Lieder der *Mundorgel*. Das war in den Achtzigerjahren offensichtlich immer noch der kleinste gemeinsame Nenner, wenn es um das Klampfen am Lagerfeuer ging. Da ich wegen des einsetzenden Stimmbruchs zum Singen schlicht nicht in der Lage war, fand ich meine Rolle in der musikalischen Begleitung. Dabei konnte ich nicht einmal das besonders gut. Bei manchen Tonleitern fehlte mir schlicht noch das Akkordwissen. Aber es hat funktioniert: Martina hat für mich geklatscht. Und das hat mich glücklich gemacht.

Glücklicher jedenfalls als die Instrumente, die eigentlich für mich bestimmt waren: die Blockflöte und das Klavier. Beide Instrumente hatten den didaktischen Zweck, mir das Notenlesen beizubringen, wobei sich Didaktik für mich immer ein bisschen so angehört hat wie Diktatur. Obwohl, ich mochte meine erste Klavierlehrerin, und ich mochte auch das Instrument. Dass die Gitarre immer nur Mittel zum Zweck gewesen sein soll, stimmt allerdings auch nicht. Nachdem ich mich durchgekämpft und nicht aufgegeben hatte, die Framus halbwegs in Stimmung zu bringen, bekam ich endlich, noch vor dem Konfirmationsgeld, den nötigen Betrag für ein funktionierendes Modell zusammen: eine Westerngitarre von Yamaha. Auch ein billiges Ding eigentlich, aber ausreichend gut verarbeitet, um den Lernenden nicht völlig zu frustrieren.

Ich muss hier kurz einschieben, dass mein Fachwissen über die Qualität, Verarbeitung und den Sound von Akustikgitarren sehr lückenhaft ist. Bis auf den heutigen Tag fürchte ich die Begegnung mit »richtigen« Gitarristen, den sogenannten Profis – jedenfalls dann, wenn sie sofort von Marken, Hölzern und Mechaniken zu sprechen anfangen, von denen ich keine Ahnung habe. Es ist manchmal sehr schwierig, aus so einer Situation wieder herauszukommen, weil man immer wieder merkt, dass es den Profis doch recht wichtig ist, über ihr Instrument zu sprechen, und dass es sie anscheinend auch verletzt, wenn man an diesem Gespräch nicht so interessiert ist, wie sie es sich erhoffen.

Zurück zum Thema: Die Yamaha habe ich geliebt. Sie war nicht so zickig wie die Framus und hat mich allein schon durch ihren Klang berauscht. Oft habe ich mein Ohr direkt an den Korpus gelegt, um mich in der warmen, weichen Wolke eines e-Moll-Akkords zu beruhigen. Meistens direkt nach der Schule. Das hat erstaunlich lange funktioniert, bis sich der Effekt durch die Wiederholung abgenutzt hat. Dann musste der Akkord gewechselt werden, und schon bald wurde mit dem zweiten oder dritten Akkord ein Song draus. Dieser Klang und die Songs, die bald entstanden, waren wichtig für mich, und zwar unabhängig davon, ob Martina das mochte.

Ich kann mich nicht erinnern, dass der Sound des Klaviers mich ähnlich bewegt hätte wie der der Gitarre. Außer natürlich, wenn Opa »Ich bete an die Macht der Liebe« darauf spielte. Er hatte eine fürchterliche Kraft im linken Arm, weil er immer den Hof fegte. Das war eine seiner Hauptbeschäftigungen. Der Weg, um auf dem Klavier so weit zu kommen, erschien mir damals aber als zu lang. Und alles am Klavierunterricht war analytisch. Erst mal Noten lesen, erst mal Tonleitern üben, erst mal nur einen Finger pro Hand usw. Ich wollte weder Tonleitern üben noch den Hof fegen. Das sollte Opa ruhig weiter machen.

Die Gitarre habe ich dann autodidaktisch erlernt, aber nicht allein. Der Vater meines besten Freundes hat uns die Brosamen hingeworfen, die wir mühsam aufgepickt und verarbeitet haben. Anstatt uns zu unterrichten, hat er uns etwas vorgespielt und uns motiviert, ganz im Sinne von Antoine de Saint-Exupéry: »Wenn du ein Schiff bauen willst, beginne nicht damit, Holz zusammenzusuchen, Bretter zu schneiden und die Arbeit zu verteilen, sondern erwecke in den Herzen der Menschen die Sehnsucht nach dem großen und schönen Meer.« Die beste Idee.

Nach der *Mundorgel* kam Peter Burschs *Gitarrenbuch*. Die Bibel der Autodidakten, die zusammen mit einer Schallfolie geliefert wurde – das war eine äußerst dünne und leichte Version einer Schallplatte, auch »Flexi Disc« genannt; man musste sie auf eine andere, dickere Schallplatte legen, damit man sie abspielen konnte. Nach getaner Gitarrenarbeit im Partykeller erholten wir uns zu den Klängen von Kraftwerk, Pink Floyd oder Meditationsmusik von Tangerine Dream oder Mike Oldfield. Es wurde alles durcheinandergeworfen, und immer wieder wurden die Beatles gespielt. Das *Beatles Complete*-Songbook (Gitarrenausgabe) war bald wichtiger als die von Peter Bursch empfohlenen Folk-Songs von Dylan, Cohen et al. Und so gerieten die ersten eigenen Kompositionen zu einer Mischung aus Folk, Beat und Meditationsmusik mit Gitarre am Ohr.

Bald schon würden wir die Erfahrung machen müssen, dass so etwas nun wirklich niemand hören wollte. Das war eine ebenso schmerzhafte wie wichtige Erfahrung, die man nur machen kann, wenn man sich wirklich heraustraut mit dem, was man macht und tut – ob es Instrumentalmusik ist, Coverversionen oder sogar eigene Songs. Letzteres ist die Königsdisziplin, weil man ja so viel von sich preisgeben muss, und man fängt am besten damit an, bevor die Pubertät einsetzt.

Kurzer Exkurs: In unserer Nachbarschaft, im Rosenweg, gab es zwei sehr talentierte junge Musiker, die hießen Simon und Garfunkel. Eigentlich hießen sie Simon Müller und Thorsten Sadowski, aber für uns nur Simon und Garfunkel. Sie schrieben die wunderbarsten Instrumentals für zwei Akustikgitarren oder mehr. Manchmal sangen sie auch, sogar selbst geschriebene Gesänge, die vom Stimmbruch komplett ungetrübt waren. Als wir sie aber fragten, ob sie mal mit uns auftreten würden, protestierten sie vehement. Es stand für sie außer Frage, ihr von Pubertätsdüften parfümiertes Zimmer jemals für ein Konzert, gar für ein öffentliches, zu verlassen. Und so ist dann auch nie etwas aus ihnen geworden. Jedenfalls nichts Vernünftiges wie Folk- oder Schlagersänger.

Die Erfahrung, dass der Erfolg doch nicht immer so durchschlagend ist, wie man ihn sich ausmalt, habe ich ebenfalls zum Glück nicht allein machen müssen. Es ist nämlich gar nicht leicht, aus all dem falschen Applaus und vergifteten Lob um einen herum herauszufiltern, was einem wirklich gesagt werden soll. Einer der schönsten Songs, den ich zusammen mit Kumpel Carsten geschrieben habe, war »Afrika«. Er ist glücklicherweise nicht erhalten, die Realität hätte keine Chance gegen die Erinnerung: zwei klampfende Dreizehnjährige, die ihre Utopie an einen Ort Namens Afrika heften, von dem sie keine Ahnung haben. Nichts als eine exotistische Schwärmerei, getriggert von Tierfilmen wie *Die Wüste lebt* von Walt Disney. Genug allerdings, um den Inhaber des örtlichen Reformhauses zu begeistern. Der ehemalige Afrikareisende wollte uns ganz groß herausbringen. Leider erinnerte er sich am nächsten Tag nicht mehr daran. Im letzten Moment kaufte er sich mit zehn D-Mark pro Musiker aus dem in Trunkenheit gegebenen Versprechen, er werde uns produzieren, heraus. Aber immerhin, ein erster Schritt war gemacht. Und jetzt hieß es, nicht aufgeben, sondern weiter komponieren und auftreten. Irgendwann würde es dann schon klappen mit dem Erfolg.

Die Gitarre ist in dieser Zeit für mich von einem Sucht- und Schmerzmittel zu einem sozialen Ort geworden. Ich kann gar nicht sagen, ob hinter der Entwicklung eine Entscheidung gesteckt hat. Die Hormone kickten rein. Es war eine Menge los. Wer erinnert sich schon so genau? Die Jugend- und Jungsfreundschaften wurden überlagert von Cliquen und Flirts, und an die Stelle von Folk und *Mundorgel* trat Punk in mein Leben. Postpunk, um genau zu sein. Erst in Form von Goth und Gruppen wie Joy Division, danach etwas lebensbejahender durch New Wave und NDW. Und was machten die Gitarren bei, sagen wir, Siouxsie and the Banshees? Ungefähr das, was sie bei The Cure auch machten: in erster Linie Sound. Das Instrument, das den Ton unter und hinter dem Chorus-Effekt hervorrief, war eigentlich relativ egal. Hauptsache, es sah gut aus. (Übrigens bewundere ich die Gitarrenarbeit von Robert Smith. Nicht, dass es zu

Missverständnissen kommt: Sein Handwerk war und ist die Dramaturgie.)

Vielleicht kann ich doch sagen, wer dafür verantwortlich war, dass aus der Gitarre ein sozialer Ort für mich geworden ist: Sie hießen Helmut, Emil, Angela, Michael, Heike, Kathrin etc. Sie hatten Martina den Rang abgelaufen und gingen immer ins Forum Enger. Dort liefen an lauen Tagen Bauhaus und The Cure als VHS-Video. Der Fernseher stand auf der Tanzfläche. An den weniger lauen Tagen standen *wir* auf der Tanzfläche. Oder am Tresen. Zunächst schüchtern und mit einem süßen alkoholischen Getränk in der Hand, später selbstbewusst mit Bier und Kippe. Außerdem haben wir Konzerte angeschaut. Und zwar alle. Und die Bands, die dort zu sehen waren, hatten meist Gitarren dabei. Immer war das Instrument auch der Ausweis der Zugehörigkeit zu einer bestimmten Schule. Die an den Sixties orientierten Bands spielten Rickenbacker, Punk-Bands oft Gibson oder eine billige Kopie davon. Frühe Post-Rock-Bands, vor allem wenn sie aus Amerika kamen, immer noch gerne Fender. Wenn es Richtung Punk ging, musste das aber eine Telecaster sein. Nur die Feelies spielten noch eine Stratocaster. Entschuldigung, jetzt wird es vielleicht doch ein bisschen nerdig.

Weil es dabei auch um Identität und nicht ausschließlich um den Sound ging, durfte die erste E-Gitarre eben auch nicht aussehen wie die von Carlos Santana, Mark Knopfler oder anderen Gitarrengöttern, die sich immer so fürchterlich ins Zeug gelegt haben, anstatt einfach zu spielen. Und schon gar nicht durfte sie aussehen wie die von Rudolf Schenker von den Scorpions. Ich hatte spezielle Anforderungen: Meine erste E-Gitarre sollte künstlich aussehen. Ein Vorbild aus der Zeit ist vielleicht die Band DEVO. Aber auch andere New-Wave-Bands, die ich gut fand, benutzten eher künstlich aussehende Gitarren, um sich von der *Norwegian Wood*-Zeit, also den Siebzigerjahren, abzugrenzen. Das Instrument sollte aber auch etwas besser verarbeitet sein als meine alte Framus, damit das schöne Konfirmationsgeld nicht verschwendet wäre.

Was nach langer Überlegung und dem Durchblättern vieler Fachzeitschriften herauskam, war ein Modell der Firma Hamer, das auch Rudolf Schenker hätte spielen können und das in einer Art und Weise lackiert war, die an ein T-Shirt von Klaus Meine erinnerte. Offenbar wurde ich schlecht beraten von den Gitarrenverkäufern mit Vokuhila-Frisuren im nächsten großen Musikhandel in Ibbenbüren. Ich fuhr mit meinem besten Kumpel Carsten zweimal dorthin. Per Anhalter. Beim zweiten Mal mussten wir abgeholt werden, weil niemand uns mitnahm auf dem Rückweg, denn es wurde dunkel, und dann hält keiner mehr an. Aber ich hatte endlich eine E-Gitarre dabei. Und sie funktionierte.

Im Unterschied zu der Westerngitarre, die sich zusammen mit meiner Fotoausrüstung entschieden hat, in Rotterdam zu bleiben, spiele ich sie heute noch ab und zu. (In Rotterdam hatten wir einen Forschungsauftrag zum Thema Gabber, einem neuen, heißen Trend in der elektronischen Musik. Ich kann mich nicht mehr erinnern, warum ich dazu die Gitarre mitgenommen habe.) Da es der Hamer etwas an Bühnenstabilität mangelt, habe ich ihr allerdings eine etwas rückgratstärkere Gibson Special, also die Gitarre, die von klassischen Punk-Rock-Bands gespielt wird, an die Seite gestellt. Und weil einen auf der Bühne nichts mehr interessiert als Stabilität, damit man nicht von der Technik abgelenkt wird, spiele ich mittlerweile hauptsächlich dieses Instrument.

In Hamburg – jedenfalls zu der Zeit, als ich nach Hamburg kam – wurde übrigens die Framus-Gitarre gefeiert. Gerade die billigen Kaufhausmodelle lieferten den Sound von Sonic Youth. Trotz aller Sympathie für den Gedanken, dass man etwas ja nicht unbedingt wohlklingend sagen muss, wenn man es auch misstönend sagen kann, konnte ich mich nie mehr wirklich mit der Framus anfreunden. Zu groß war der Schmerz, wenn ich an meine Erste denken musste.

DIE GEIGE

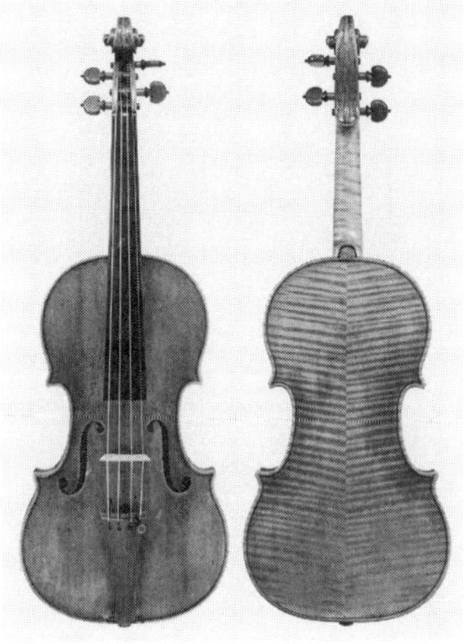

VON ANNE-SOPHIE MUTTER

Als kleines Kind dachte ich immer, eine Geige wäre ein Lebewesen. Weil sie so schöne Geräusche von sich gibt, wie eine schnurrende Katze – und wenn sie mal quiekte, hatte ich den Eindruck: Das tut der Geige jetzt weh. Deswegen habe ich mich immer bemüht, meiner Geige keine Schmerzen zuzufügen, und habe das Kapitel »Es klingt wie eine kranke Katze« in meiner musikalischen Biografie relativ mühelos übersprungen. Weil ich eben wahnsinnig motiviert war, dieses kleine Wesen pfleglich zu behandeln.

Eigentlich habe ich ja zunächst Klavier gespielt, ich hätte also auch die Möglichkeit gehabt, mich in dieses Instrument zu verlieben. Aber ein Streichinstrument ist eben doch intimer. Weil es ein Partner fürs Leben ist, eine langfristige Verbindung, die man als Pianist mit seinem Instrument so nicht eingehen kann. Das war ein Aspekt, der mich an der Geige immer fasziniert hat: dieses Ausschließliche der Beziehung. Und die Unmittelbarkeit der Klangerfahrung. Beim Tasteninstrument ist es ja so: Wenn der Klang erklingt, *ver*-klingt er schon wieder – aber im Strich eines Bogens kann ich ein ganzes Spektrum an Klangskulpturen entstehen lassen. Ich kann den Klang anschwellen und wieder verebben lassen, ich kann durch das Vibrato im Augenblick des Klangerscheinens eine ganze Welt zaubern. Das hat mich schon als Kind fasziniert – und es fasziniert mich, mehr als ein halbes Jahrhundert nach meiner ersten Geigenstunde, noch immer.

Mein erstes Instrument war eine Viertelgeige. Die besitze ich bis heute, sie liegt auf einem meiner Flügel. Gespielt wird sie nicht mehr, da müsste schon ein Enkelkind her. Natürlich haben meine Kinder, als sie noch kleiner waren, auch einmal versucht, ihr Klänge zu entlocken – aber ich erinnere mich, dass mein Sohn schon nach ein paar Minuten aufhörte, mich angewidert anschaute und sagte: »Nee ... bei dir klingt das viel besser!« Ich besitze auch noch die halbe Geige, die ich danach gespielt habe. So weit wie möglich habe ich immer versucht, an den Geigen, die ich über längere Zeit spielen durfte, im wahrsten Sinne des Wortes *festzuhalten*.

Mit Ausnahmen. In meiner Teenager-Zeit gab es einen populären italienisch-amerikanischen Geigenbauer, dessen Geigen auch handwerklich sehr schön gemacht waren. Sie waren nach Modellen von Guarneri del Gesù gebaut, sogar die historischen Wurmlöcher waren aufgemalt; das fand ich immer ein bisschen merkwürdig. Diese Geigen waren natürlich sehr viel preiswerter als ein echtes italienisches Instrument, und mein Vater dachte damals, das sei doch die optimale Lösung: Her mit dem modernen Instrument für ein paar Tausend Mark, und gut ist! Ich habe die Geige natürlich ausprobiert – und fand sie sehr laut, dabei extrem undifferenziert. Auf ihr zu spielen fühlte sich an, wie Holz zu hacken. Die Geige hat auf mein Flehen überhaupt nicht reagiert! Das war, als ob ich mit einem Tauben sprechen würde, und Gebärdensprache hat leider auch nichts gebracht – wir haben einander einfach überhaupt nicht verstanden. Die Geige wollte einen groben Zugriff, und ich wollte etwas ganz anderes.

Ich war todunglücklich mit diesem Instrument und musste trotzdem ein paar Monate mit ihm verbringen – aber irgendwann konnte ich meinen Vater überzeugen, dass so ein grober Klotz mich musikalisch einfach nicht in Schwingung versetzt. Diese Geige und ich existierten einfach auf zwei völlig unterschiedlichen Planeten.

Was ich an einem Instrument schätze, ist eine sehr schnelle

Ansprache. Wie bei einem nervösen Rennauto: Der Ton muss auch im Pianissimo-Spiel sofort da sein. Anders gesagt: Die Geige muss springlebendig sein, sie muss gleichzeitig aber auch sehr zart klingen können. Im Prinzip suche ich ein Instrument, welches das ganze Spektrum von extremer Zartheit bis hin zu maximaler Lautstärke in großer Wachheit bereithält. Ich mag keine Instrumente, die Schlafmützen sind.

Als ich 1976 Herbert von Karajan vorspielen durfte, hatte ich noch ein Instrument von Nicolò Gagliano: eine wunderschöne Geige aus dem Jahr 1755, die ich heute noch besitze – auf ihr habe ich meine allererste Aufnahme mit den Mozart-Konzerten gemacht. Aber nach zwei Jahren meinte Herr von Karajan: »Jetzt müssen Sie mal ein ordentliches Instrument haben!« Ich wusste überhaupt nicht, wovon er redete, ich war doch eigentlich sehr glücklich mit meiner Gagliano. Aber ich hatte schon damals verstanden: Wenn es um Musik geht, hat Karajan immer recht. Und ich ahnte, dass da draußen irgendetwas Wunderbares auf mich wartet. Ich wusste nur noch nicht, was.

Es wurden also Instrumentenhändler aus aller Welt nach Berlin eingeladen, und sie brachten verschiedene Geigen von Guarneri del Gesù und Stradivari mit. Nach einer Probe setzten sich Herbert von Karajan und einige Mitglieder der Berliner Philharmoniker also eines Nachmittags in den Saal und nahmen sich Zeit, diese Geigen zu beurteilen. Ich spielte nacheinander auf den Instrumenten, und dann wurde abgestimmt: Die ist gut – die ist zu dunkel – die klingt zu hell – die ist nicht ausgeglichen ... und tatsächlich haben wir uns dann sehr schnell auf die »Emiliani« geeinigt, eine Stradivari von 1703, also ganz vom Anfang seiner goldenen Periode. Ein wunderbares Instrument mit einem wunderschönen einteiligen Rücken; meine ganze Diskografie mit Karajan, mit Ausnahme des Tschaikowski-Konzertes vom 15. August 1988 mit den Wiener Philharmonikern, ist auf dieser Geige eingespielt.

Ich hatte damals das große Glück, dass das Land Baden-Württemberg sich bereit erklärte, die »Emiliani« vorzufinanzieren und mir als Leihgabe zur Verfügung zu stellen. Aber mir war natürlich klar, dass das alles an einem seidenen Faden hing: Ich habe also sehr viele Konzerte gespielt und habe es mit einem erheblichen Arbeitsaufwand irgendwann geschafft, diese Geige tatsächlich selbst zu finanzieren.

Aber leider kam mir dann die nächste Stradivari dazwischen. Nach vier oder fünf Jahren hatte ich nämlich Blut geleckt: Ich wusste jetzt, was für ein Klang- und Farbenspektrum in so einer Schatztruhe steckt – was mit so einem Instrument alles möglich ist – was man ihm, wenn man die entsprechenden Fähigkeiten und die notwendige Fantasie besitzt, alles entlocken kann. Das war mir gar nicht bewusst gewesen, bevor ich so ein fabelhaftes Wesen erstmals im Arm hatte. Ich erinnere mich noch genau, wie der Geigenhändler nach Zürich kam. Er öffnete den Kasten – und da lag die Stradivari »Lord Dunn-Raven« von 1710. Ich guckte sie mir an und dachte: Hm … die sieht gut aus! Das ist ein bisschen so, wie wenn man einem Menschen zum ersten Mal begegnet und sofort einen Eindruck von ihm hat. Innerhalb von fünf Minuten wusste ich: Das ist die Geige meines Lebens.

Meine »Emiliani« ist natürlich ein sehr geschichtsträchtiges Instrument – aber bei der »Lord Dunn-Raven« hatte ich immer das Gefühl, dass sie auf der Bühne noch mehr Wucht entfaltet, dass sie mehr Durchsetzungsvermögen hat. Es ist ja genial, wie Stradivari vorausgeahnt hat, wohin die Reise in Sachen Aufführungspraxis geht: hinaus aus den kleinen höfischen Zirkeln und Schlössern, hinein in die großen Säle. Natürlich ist meine Geige modern besaitet, der Hals ist länger, also ist der Druck und damit auch das Klangvolumen höher: Wenn man die entsprechende Technik besitzt, kann man damit einen Saal für 7000 Zuhörer oder ein Amphitheater wie das Odeon Atticus in Athen mühelos füllen, ohne verstärkt zu werden. Das ist einfach ein

Wunder. Es macht, neben der Farbigkeit des Klangs natürlich, das große Geheimnis von Stradivari aus: dass so eine kleine Kiste auch im Flüstern noch eine ungeheure Präsenz hat.

Seitdem ich die »Lord Dunn-Raven« spiele, liegt meine »Emiliani« in einem schönen Kasten in einem klimatisierten Safe, schläft vor sich hin und ruht sich aus für die nächsten hundert Jahre – die verbringt sie dann wahrscheinlich nicht mehr mit mir. Öffentlich habe ich sie schon sehr lange nicht mehr gespielt; privat spiele ich sie noch ab und zu und werde dann ganz melancholisch, schließlich hängt ein wichtiger Teil meiner Lebensgeschichte mit dieser Geige zusammen. Ich habe auf ihr zwar nur zehn Jahre lang gespielt, von fünfzehn bis fünfundzwanzig – aber das waren die intensivsten Jahre überhaupt: In dieser Zeit habe ich Quantensprünge an Wissen und musikalischer Entwicklung gemacht, habe die Ära Karajan und die Entdeckung der zeitgenössischen Musik erlebt. Im Moment ist es absolut undenkbar für mich, dass ich mich jemals von der »Emiliani« trenne; meine Stradivaris darf ja nicht einmal jemand anderes anfassen. Mein Geigenbauer spielt natürlich heimlich darauf, das ist mir schon klar: Wenn er den Klang einstellt, muss er schließlich auch ein paar Noten auf dem Instrument spielen. Das ist auch okay, die Geige darf schon mal ein bisschen flirten, alle zehn Jahre, ganz kurz … aber dann ist auch Schluss!

Natürlich ist es ein unfassbarer Luxus, ein so langes Leben mit einem Instrument verbringen zu dürfen. Wenn ich einmal tot bin, wird meine Stradivari vermutlich den Beinamen »ex Mutter« bekommen – auch eine Art, unsterblich zu werden. Tatsächlich sind vierzig Jahre auch in der Historie solcher Instrumente eine ungewöhnlich lange Zeit. Und es ist eine Zeit, in der beide Seiten voneinander lernen und sich gegenseitig inspirieren: Meine Geige war schon vor vierzig Jahren ein außergewöhnliches Instrument – aber inzwischen ist sie noch großartiger und reagiert noch viel sensibler. Manchmal ist sie aber auch ermüdet. Deswegen versuche ich, in den konzertfreien Phasen auf moderne Instrumente zurückzugreifen und meiner Stradivari etwas Ruhe zu gönnen. Auf einer Südamerika-Reise habe ich einmal ein sehr gutes zeitgenössisches Instrument mitgenommen, und auch bei Open-Air-Konzerten könnte ich mir das vorstellen. Vor allem die vielen klimatischen Wechsel ermüden das Holz: Heute in Tokio, morgen in Australien, am einen Tag ist es sehr heiß und feucht, am nächsten extrem trocken – man muss keinen metaphysischen Theorien anhängen, um einzusehen, dass so ein Instrument aus Holz wirklich lebt. Das merkt man ja auch an seinen Möbeln zu Hause.

Wenn ich eine neue Geige in Händen halte, höre ich schnell das Potenzial. Die Frage ist dann: Wie kann ich es erschließen? Was muss ich technisch tun, um die Möglichkeiten des Instruments freizusetzen? In welchem Winkel setze ich den Bogen auf? Mit wie viel Druck spiele ich, und mit wie vielen Haaren? Auf welcher Höhe setze ich den Bogen an, und wie wird das Instrument darauf reagieren?

Die Geige macht also nicht, was ich will – ich muss tun, was die Geige will! Ich muss mich auf sie einstellen und lerne dadurch viel über mich selbst: Ich muss ja meine Art zu spielen komplett überdenken; so wie es vorher mit einer anderen Geige lief, geht es eben mit dieser hier nicht. Dann, nach einer Weile, wenn ich zu wissen meine, wie die Geige tickt, stelle ich plötzlich fest: Interessant – mein eigenes Spiel hat sich durch die Geige verändert! Plötzlich höre ich subtile Veränderungen, Klänge, von denen ich vorher gar nicht wusste, dass es sie gibt. Das ist wie bei Reiter und Pferd: Der eine muss sehr sensibel auf den anderen reagieren. Herbert von Karajan hat einmal gesagt: Der Dirigent ist der Jockey, und das Orchester ist das Pferd. Der Jockey springt nicht selbst, aber er kann das Pferd in die optimale Sprungposition bringen. Im Prinzip ist das auch meine Aufgabe als Geigerin: Ich muss mein Instrument in die optimale Lage versetzen, um all seine klangliche Schönheit, seine Kraft, seine Farbigkeit und ja, auch seine Abgründe offenlegen zu können. Ich muss ihm dabei helfen.

Darum liebe ich es auch, auf einem großen Instrument wie der »Lord Dunn-Raven« ohne Vibrato zu spielen. In einem solchen Moment habe ich das Gefühl: Jetzt spricht das Instrument von alleine. Ich streiche nur den Bogen und lasse es so erklingen, wie es im Jahr 1710 zum ersten Mal erklungen ist. Das ist mein Versuch, dem Instrument mehr Raum zu geben, es auch etwas sagen zu lassen, ohne dass ich darübervibriere und alles neu und anders färbe. Selbst nach mehr als fünfzig Jahren bin ich immer wieder hingerissen, was auf der Geige alles möglich ist – auch wenn man sie manchmal entsetzt anschauen und fragen möchte: Was ist denn jetzt schon wieder los?! Aber letzten Endes ist natürlich nicht das Instrument, sondern der Musiker für den Ton verantwortlich. Das ist wie beim Tennis: Wenn da etwas schiefläuft, ist ja auch nicht der Schläger schuld – es ist der Spieler, der vielleicht einen schlechten Tag hat.

Wie Tennisspielen ist auch Musikmachen eine sehr einseitige Beschäftigung – deshalb muss man zusehen, dass man für das Instrument fit bleibt. Die Geigenhaltung ist ja alles andere als natürlich. Wer immer die erfunden haben mag, hat offenbar nicht damit gerechnet, dass jemand das ein halbes Jahrhundert lang machen würde! Ich sehe mit Sorge, dass es auch heute noch nicht selbstverständlich ist, dass Lehrer bei ihren Schülern auf eine organische Haltung achten. Vor allem junge Menschen, die die Musik zu ihrem Beruf machen wollen, müssen das Wissen mit auf den Weg bekommen, dass Ausgleichssport nötig ist. Kein Sportler würde fünfzig Jahre lang die immer gleichen Bewegungsabläufe trainieren! Ein Fußballer macht mal Beintraining, dann trainiert er den Rumpf, dann nur die Arme. Als Geiger macht man ständig die gleichen Bewegungen, trotzdem sagt man nicht: Heute mache ich mal *legs and butt*-Training! Klar, könnte man schon – denkt aber keiner dran. Man muss akribisch daran arbeiten, dass der Überlastung der Muskulatur, etwa an Brust oder Schultern, etwas entgegengesetzt wird; und man muss auch kardiovaskulär fit sein. Eines ist sicher: Ein gesunder Körper und eine gesunde Psyche bilden die unabdingbare Basis dafür, dass man beim Musizieren aus dem Vollen schöpfen kann.

Ich bin selbst sehr bewegungsbegeistert, gehe joggen oder ins Gym; ich wandere auch wahnsinnig gern. Ich war mehrmals auf dem Jakobsweg unterwegs, bin einmal die portugiesische Route gegangen, einmal die französische, dann wieder die spanische, immer mit dem Ziel: Santiago de Compostela. Einmal hatte ich auch eine Geige mit dabei, weil ich kurz darauf einen Rezital-Abend hatte, in so einem rucksackartigen Geigenkasten aus Fiberglas – natürlich keine Stradivari, sondern eine moderne Übegeige. Am letzten Abend in Finisterre, ganz am Ende des Wegs, wo man traditionell seine übel riechende Wanderkleidung verbrennt, habe ich ein paar erschöpften Pilgern bei Sonnenuntergang die »Chaconne« von Bach vorgespielt. Ich habe einfach losgelegt, ich wollte da keine große Sache draus machen, ich hatte einfach Lust zu spielen. Und dann sind einige Wanderkollegen stehen geblieben und haben zugehört – das war, zumal nach dieser körperlich anstrengenden Tour, ein ganz besonderer Moment. Zusammen mit dem Abend, als ich allein in der Sixtinischen Kapelle Bach spielen durfte, gehört das zu meinen schönsten musikalischen Erinnerungen.

Heinrich Heine hat einmal gesagt: »Wenn die Worte aufhören, beginnt die Musik.« Deshalb können wir die gesellschaftliche Relevanz des gemeinsamen Musizierens, aber auch des Zuhörens, gar nicht hoch genug einschätzen. Wenn ich mir ein Leuchtturmprojekt wie das West-Eastern Divan Orchestra anschaue, wo Palästinenser und Israelis vor und nach dem Konzert heiß diskutieren, aber auf der Bühne beim Musikmachen ein

Herz und eine Seele sind, dann kann ich nur sagen: Die Welt braucht viel mehr solcher Projekte! Weil es Dinge gibt, für die die menschliche Sprache einfach zu grob ist. Musik kann uns verbinden, sie kann Gutes in uns und anderen zum Schwingen zu bringen, sie kann eine Gemeinschaft heraufbeschwören. Weil sie eben eine Sprache ist, die alle Grenzen, die wir Menschen so sorgsam immer wieder zwischen uns aufbauen, einfach überspringt. Musik macht uns durchlässiger, sensibler: Plötzlich können wir fühlen, was der Fremde neben uns empfindet, obwohl er womöglich einen ganz anderen Lebensentwurf hat, eine andere Religion, eine andere Herkunft. In der Musik sind wir vereint.

DIE BRATSCHE

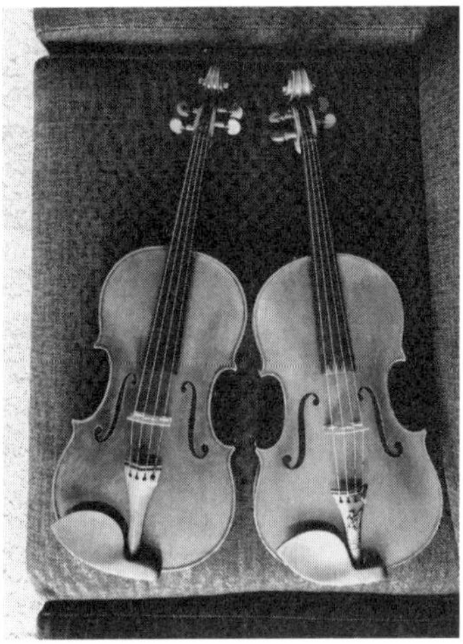

VON TABEA ZIMMERMANN

Mein erstes Instrument war ein Kochlöffel. Schon mit zweieinhalb Jahren bin ich jeden Tag in die Küche gegangen, habe mir zwei Holzlöffel geschnappt – einen als Klangkörper und einen als Bogen –, habe ein Notenpult aufgestellt und gesagt: Ich übe! Das heißt, ich habe bereits in der Fantasie Musik gemacht. Mit drei Jahren habe ich dann tatsächlich angefangen, Bratsche zu spielen. Meine beiden älteren Schwestern spielten Cello und Geige, mein Bruder spielte Klavier – es blieb also nichts übrig als die Viola, und diese Nische habe ich besetzt.

Ich war von dem Instrument sofort Feuer und Flamme, weil ich damit etwas Eigenes hatte. Zunächst hatte ich auf einer Sechzehntel-Geige Unterricht, weil es so kleine Bratschen an meiner Musikschule in Lahr im Schwarzwald gar nicht gab. Ich erinnere mich dunkel, dass mein Lehrer, wenn er die Saiten wechselte, eine C-Saite in der Mitte durchschneiden musste. Vom Instrumentarium her war das also eine sehr einfache Ausstattung – aber darum ging es nicht: Es ging in erster Linie darum, eine Verbindung zwischen der musikalischen Vorstellung, dem Verständnis für die Partitur und schließlich der Umsetzung zu stiften. Am Anfang stand also der Klang im inneren Ohr. Daraus ergab sich alles Weitere.

Das erste Ideal, an dem wir uns orientierten, war die menschliche Stimme. Dann kamen von anderen Instrumenten weitere Klänge dazu: Spiel doch mal hier wie ein Cello und dort wie eine Geige! Es ging also nie darum, sich an der Charakteristik des eigenen Instruments zu orientieren; wenn man die zum klanglichen Ziel nimmt, bewegt man sich immer nur in einem sehr kleinen Bereich. Ein Instrument ist ja nichts weiter als das, was es vom Wort her bedeutet: ein Werkzeug. Der Rest verdankt sich der Vorstellungskraft.

Deswegen lege ich Wert auf die Feststellung, dass ich keine Bratschistin bin, sondern Musikerin mit dem Instrument Bratsche. Die Viola ist ja sehr festgelegt auf dieses Melancholische, Gesangliche, Warme, Dunkle. Das ist auch alles da, und es ist eine starke und wunderschöne Seite des Instruments – aber es ist eben nicht die einzige. Wenn man mit der Klangvorstellung arbeitet und sich bei anderen Klängen bedient, um sie zu reproduzieren, dann hat man unendlich viele Möglichkeiten. Dann verlässt man die festgelegte Rolle.

Um die Stärken der Bratsche herauszubringen, muss man erst einmal ihre Schwächen kennen – man muss die Gesetze der Physik verstehen, um sie überwinden zu können. Ich bewege mich mit der Bratsche ja im mittleren Register: Wenn ich mit einem Orchester spiele, wird dieses Register schnell überdeckt; die höheren und die tieferen Instrumente, also etwa die Flöten oder der Kontrabass, wirken lauter. Um mich aus dieser Mitte heraus präsentieren zu können, muss ich also wissen: Warum hört man die anderen besser? Oder wenn ich mit Klavierbegleitung spiele: Bei diesem Instrument ist die Attacke schneller, also muss ich die dicke Saite der Bratsche früher zum Schwingen bringen, damit mein Ton so schnell in den Saal gelangt wie die Klaviernote. Ich muss wissen, woher die Trägheit kommt, um sie zu überwinden. Deshalb ist mein Motto auch ein Werbespruch des Automobilherstellers Audi: »Vorsprung durch Technik.«

Was den Klang eines Instruments ausmacht, das sind ja die Schwingungen. Darauf haben schon meine Lehrer an der Musikschule unheimlichen Wert gelegt: auf die Vibration im

Instrument und wie sie auf den Körper zurückwirkt. Deshalb haben wir im Unterricht immer ohne Schulterstütze und Kinnhalter gespielt – weil das Erlebnis der Schwingungen die Basis der Musik bildet. Daraus kann man dann die Klangqualität, die Intonation und die Reinheit der Intervalle entwickeln. Das Ziel muss sein, dass das Instrument ein Teil des Körpers wird und der Körper seinerseits ein Klangkörper, eine Verlängerung des Instruments. Idealerweise sind diese Übergänge fließend: Ich kann gar nicht genau sagen, wo das Instrument aufhört und der Körper beginnt; beide bilden eine Einheit. Viele Bratschisten suchen ja nach einer stabilen Haltung, und da beginnt das Problem: Es gibt einfach nicht *eine* einzige Haltung, die flexibel genug wäre, um die vielfältigen Klänge des Instruments zu ermöglichen. Der Körper muss dynamisch bleiben, damit der Klang lebendig ist.

Geigenbauer sagen manchmal: Der Spieler ist der Lehrer des Instruments. Wenn ich zum Beispiel Doppelgriffe übe, wenn ich im Wechsel große und kleine Sexten spiele, dann kann ich Obertöne im Instrument anregen, sodass es immer besser und reiner schwingt – und schließlich kann ich das ganze Instrument in Schwingung versetzen. Dann sagen alle: Mensch, hat die einen tollen Ton! Aber das ist nur die Harmonie des Bogendrucks mit der Saitenschwingung, die aufs Holz übertragen wird und schließlich weiterschwingt im eigenen Körper. Wenn diese Verhältnisse harmonisch aufeinander abgestimmt sind, kann man mit relativ wenig Aufwand einen guten Klang produzieren.

Allerdings muss man auch so etwas wie einen »Arzt« für das Instrument haben. Der Steg, der Stimmstock, die Saiten: Das muss alles gut gepflegt sein, damit diese Kraftübertragung ohne Widerstände funktioniert. Natürlich hat das auch mit der Psyche zu tun; die eigene Anspannung überträgt sich auf das Instrument. Wenn beispielsweise ein wichtiges Konzert bevorsteht oder eine schwierige Aufnahme, ist man garantiert zwei Tage vorher der Meinung: Mit meinem Instrument stimmt irgendetwas nicht! So kann ich unmöglich spielen! Früher hatte ich einen Geigenbauer, den ich in solchen Fällen nur kurz anrufen musste – dann kam er sofort angereist, hat einmal »Bing!« am Stimmstock gemacht, und danach ging es wieder. Das ist, wie wenn man zum Osteopathen oder zum Physiotherapeuten geht. Das gehört einfach dazu.

Ich finde es immer interessant, wie unterschiedlich ein und dasselbe Instrument bei verschiedenen Spielern klingen kann. Trotzdem gibt es so etwas wie eine passende Einheit: Man muss *das* Instrument finden, mit dem man gerne arbeiten möchte. Es muss über eine Grundcharakteristik im Klang verfügen, die zu einem selber passt. Ich habe zum Beispiel fünfunddreißig Jahre lang eine sehr schöne, moderne Bratsche von dem Geigenbauer Étienne Vatelot gespielt, die ich 1983 beim Internationalen Bratschenwettbewerb Maurice Vieux in Paris gewonnen habe. Eigentlich war die damals noch zu groß für mich – ich war gerade erst sechzehn und noch nicht ganz ausgewachsen. Zunächst einmal war ich ziemlich skeptisch und habe die Bratsche ein paar Wochen lang erst gar nicht ausgepackt – aber schließlich habe ich mich doch mit ihr angefreundet und sie dann tatsächlich dreieinhalb Jahrzehnte lang gespielt. Das war mein Instrument; das war mein Klang. Wir waren wirklich eine Einheit, und viele Menschen haben zu mir gesagt: Den Klang von dir und deiner Vatelot, den würden wir überall heraushören.

Aber dann hat mich vor ungefähr fünfzehn Jahren der französische Geigenbauer Patrick Robin angeschrieben: Er habe da zwei Bratschen fertig, die er mir gern einmal zeigen würde. Also kam er mich besuchen, und seine Instrumente waren wirklich wunderschön. Ich sehe ja viele moderne Bratschen, aber diese zwei Instrumente haben mir unheimlich gut gefallen, und ich habe gefragt: Was sollen die denn kosten? Und Robin sagte: Ich bin gar nicht hier, um die zu verkaufen; ich wollte nur deine

Meinung hören. Aber nächstes Jahr zeige ich dir ein neues Instrument.

So ging das ein paar Jahre lang, und ich habe gemerkt, wie vielfältig und vielseitig Robin baut und was er alles bewusst beeinflussen kann: Er weiß genau, was er tut. Wir haben uns also jedes Jahr getroffen, er hat mir seine neuesten Instrumente gezeigt, ist wieder gegangen – und nachdem ich ungefähr acht oder zehn Bratschen von ihm gesehen hatte, habe ich gesagt: Ich glaube, ich möchte später auch mal ein Instrument bei dir bestellen. Aufs Alter hin, wenn meine Vatelot mir zu groß wird. Das Problem bei der Bratsche sind ja die Größenunterschiede: Man möchte den Klang eines großen Instruments, aber die Bequemlichkeit und Spielbarkeit eines kleinen – und ich habe gesehen, dass Robin kleine Instrumente mit großem Klang bauen kann; das ist etwas, das ich von keinem anderen Geigenbauer in dieser Kombination kenne. Also haben wir angefangen, darüber nachzudenken, welche Eigenschaften meine Bratsche denn haben solle: Sie soll dunkel und warm und tief klingen – aber sie soll auch brillant sein. Sie darf süß sein – aber sie darf auch mal richtig kräftig klingen. Anders gesagt: Sie soll eine enorme Bandbreite an Klangmöglichkeiten haben – aber das alles bei größter Bequemlichkeit!

Am Ende haben wir uns darauf geeinigt, dass Robin die Form und die Korpusgröße meiner Vatelot-Bratsche aufnimmt; die beiden Instrumente sehen daher tatsächlich aus wie Geschwister. Aber er hat die Form so interpretiert, dass die Saitenlänge um drei Millimeter kürzer ist. Es fühlt sich sogar an, als wäre sie einen ganzen Zentimeter kleiner, und das ist großartig: Ich bin jetzt Mitte fünfzig, meine Hände sind nicht mehr so beweglich, es gibt bei uns in der Familie Probleme mit Arthrose, ich muss also viel mehr tun, um die Flexibilität zu erhalten – und mit dieser Bratsche kann ich alles spielen, was vorher nicht mehr so gut ging. Schon nach einer Woche habe ich das erste Konzert auf meiner neuen Bratsche gegeben; seitdem spiele ich nur noch das Instrument von Patrick Robin.

Meine Vatelot-Bratsche habe ich natürlich immer noch. Momentan liegt sie zu Hause unterm Flügel. Ich habe sie von einem anderen Geigenbauer ein bisschen entschlacken lassen, hie und da wurde etwas Holz abgehobelt, der Bassbalken und die Decke wurden an manchen Stellen minimal dünner gemacht: Jetzt kann ich sie wunderbar mit Darmsaiten spielen, gewissermaßen als Barockinstrument. Sie zu verkaufen kommt für mich überhaupt nicht infrage; ich würde sie auch an niemanden verleihen. So weit bin ich einfach noch nicht, dafür war das Verhältnis dann doch zu nah. Klar, es ist keine Person, sondern nur ein Stück Holz, ein Werkzeug – aber eben doch ein ganz besonderes.

Was ich auf gar keinen Fall haben möchte, ist ein altes Instrument. Man könnte mir eine Stradivari vor die Haustür legen – ich würde sie nicht spielen wollen. Ich will mich einfach nicht an diesem Geschäftsmodell beteiligen. Der Handel mit musikalischen Antiquitäten ist in vielerlei Hinsicht ein schmutziges Geschäft, und die Preise haben mit dem Klang der Instrumente überhaupt nichts zu tun. Man bezahlt dafür, dass eine Antiquität nach dreihundert Jahren noch in spielbarem Zustand ist. Das ist natürlich teuer, aber deswegen klingt das Ding noch lange nicht besser. Vor allem im Hinblick auf die Bratsche lehne ich das Thema alte Instrumente schlichtweg ab. Manchmal sage ich zu meinen Studenten: Wenn ihr später mal Geld habt – kauft euch lieber eine schöne Wohnung.

DAS CELLO

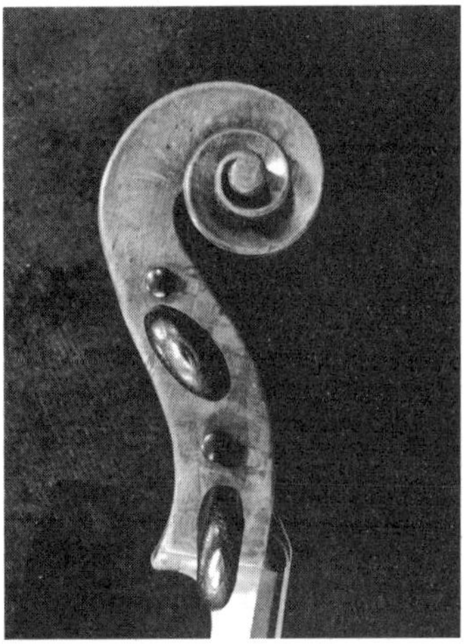

VON STEVEN ISSERLIS

Ich frage mich: Wie viele Kunsthandwerke haben sich *weniger* entwickelt als das des Geigenbauers? Zwar wurden einige Bestandteile des Instruments seit den Zeiten von Amati, Stradivari und Guarneri modifiziert, etwa Steg, Hals und Stimmstock – aber was den eigentlichen Korpus und die Schnecke angeht, also die wesentlichen Merkmale, so folgen die modernen Exemplare treu den Modellen der alten Meister. Die heutigen Geigenbauer übernehmen in der Regel deren genaue Maße aus dem siebzehnten oder achtzehnten Jahrhundert als Ausgangspunkt für ihre eigenen Schöpfungen. Man könnte über die rückwärtsgewandte Art des Verfahrens vielleicht spotten – aber warum? Weshalb sollte man etwas Perfektes verbessern? Angesichts der heute dramatisch sich verändernden Welt finde ich persönlich diese Treue zu den Glanztaten der Vergangenheit wunderbar beruhigend. Außerdem scheinen sich die besten Geigenbauer der Gegenwart dadurch in keiner Weise in ihrer Kreativität einschränken zu lassen.

Ob alt oder neu, Instrumente müssen jedenfalls Kunstwerke sein, sowohl in optischer Hinsicht – ich kann mir kein wunderbar klingendes Instrument vorstellen, das nicht auch schön anzusehen ist – wie natürlich in Bezug auf den Klang. Und genau da kommen wir Musiker ins Spiel. Wir sind gleichsam die Prinzessinnen oder Prinzen, welche die schlafenden Schönheiten in lebendige, atmende, sprechende Prinzen beziehungsweise Prinzessinnen verwandeln. Wie könnte man die Beziehung zwischen einer Interpretin oder einem Interpreten und dem Instrument noch darstellen? Dafür bieten sich zahlreiche Beschreibungen an, etwa »eine Erweiterung des Körpers«, »wie eine Ehe«, »ein geistiges Band« und so weiter. Die Verbindung wurde auch schon mit der zwischen Haustier und Herrchen verglichen. (Wobei sich die Frage stellt: Wer ist hier das Haustier, und wer das Herrchen?) Vielleicht nur so viel: Die Beziehung kann äußerst eng sein – manchmal ist sie ungesund, manchmal wundervoll; und sie ist ein wesentliches Element im Leben und in der Laufbahn eines jeden Streichers.

Ich hatte das Glück, in meinem Leben viel Zeit mit vier großartigen italienischen Celli verbringen zu dürfen: einem schönen Guadagnini aus dem Jahr 1745 mit besonders zärtlichem Ton. Einem weitaus robusteren, aber dennoch edlen Montagnana von 1740. Sowie mit zwei Instrumenten von Stradivari, dem »De Munck« oder »Feuermann« von 1730 sowie dem »Marquis de Corberon« oder »Nelsova« von 1726 (die letzteren beiden natürlich auf Leihbasis, befinden wir uns doch im Zeitalter absurd hoher Preise). Eines kann ich ohne Vorbehalt sagen: All diese Instrumente haben völlig individuelle Persönlichkeiten – ja, Seelen. Das mag überspannt klingen, aber ich glaube es wirklich. So erinnere ich mich lebhaft an die Zeit, als ich das »Feuermann«-Cello an die japanische Nippon Music Foundation zurückgab und meine Karriere mit dem »Nelsova« fortsetzte.*

---

* Ich ziehe es vor, die Celli bei den Namen der modernen Interpreten zu nennen, mit denen sie in Verbindung stehen, statt ihre ursprünglichen (und offiziellen) Bezeichnungen zu benutzen. Da wir Cellisten den Ton von Feuermann und Nelsova kennen, bedeuten uns diese Namen mehr als die Bezeichnungen aus dunkler und ferner Vergangenheit. Darüber hinaus bestehen persönliche Verbindungen: Feuermann unterrichtete meine Lehrerin Jane Cowan und ist daher in gewisser Weise mein cellistischer Großvater, während Zara Nelsova eine ge-

Damals hatte ich Gelegenheit, beide Celli in einem Saal in der Londoner Royal Academy of Music (jener Institution, die im Besitz des »Nelsova« ist und es mir freundlicherweise zur Verfügung stellt) zu spielen. Es war sehr seltsam. Natürlich habe ich meine eigene Art der Tongebung, und das wurde während des Spielens wohl auch recht deutlich. Zugleich aber geschah es, dass diese Instrumente, obwohl sie von der Hand desselben Meisters gefertigt und vom selben Interpreten gespielt wurden, völlig unterschiedlich klangen und sich jeweils ganz anders anfühlten. Tatsächlich waren sie so verschieden, wie es häufig zwei Kinder derselben Eltern sind. Um den Unterschied zwischen beiden Instrumenten kurz zusammenzufassen: Das »Feuermann« klingt wie ein kräftiger, heller Tenor (fast wie eine Geige), wohingegen das »Nelsova« eher einem aristokratischen Bass ähnelt. Diese Charakterisierungen könnten meinem Empfinden nach auch auf den Ton von Emanuel Feuermann und Zara Nelsova zutreffen. Wählten sie diese besonderen Celli aus, weil sie diese besonderen Tonqualitäten suchten? Oder waren die Celli selbst für den Ton ihrer Interpreten verantwortlich? (Siehe oben: Haustier oder Herrchen?) Ich vermute, es handelt sich um eine Kombination aus beidem – eine wechselseitige Beeinflussung.

Die meisten Streicherinnen und Streicher geben ihren Instrumenten Kosenamen und schreiben ihnen menschliche Eigenschaften zu. Ich habe mich mit meinen früheren Celli immer in vertrautem Ton unterhalten; aber die Stradivaris wirken derart aristokratisch, dass ich mich verpflichtet fühle, ihnen mit einer gewissen Förmlichkeit zu begegnen. (Allerdings gebe ich der

---

schätzte Freundin von mir war. Außerdem wurde der eigentliche Marquis de Corberon im Zuge der Französischen Revolution enthauptet, und ich möchte das arme Cello nicht durch solch schmerzliche Erinnerungen in Verlegenheit bringen.

Schnecke des »Nelsova« weiterhin einen Gutenachtkuss.) Meistens denke ich nicht zu sehr über ihre eigentliche Geschichte nach, obwohl ich sie bei den Namen ihrer früheren Interpreten nenne – ich habe Sorge, dass mich das hemmen könnte. Trotzdem hat sich ihre Geschichte manchmal auf unerwartete Weise manifestiert. Die folgende Anekdote mag verrückt klingen, entspricht jedoch der Wahrheit. Kurz nachdem ich begonnen hatte, auf dem »Feuermann« zu spielen, gab ich in Kalifornien eine Meisterklasse, bei der ein junger Cellist Ernest Blochs Komposition *Schelomo* spielte. Als ich anfing, bestimmte Passagen vorzuspielen, kam mir ziemlich unvermittelt der Gedanke: »Das Cello kennt dieses Stück!« Hinterher dachte ich kurz darüber nach und erinnerte mich, dass das Cello *natürlich* dieses Stück kannte: Die vielleicht berühmteste Aufnahme von *Schelomo* stammt von Emanuel Feuermann. (Merkwürdigerweise habe ich bei dem »Nelsova«-Cello nie dieses seltsame Gefühl gehabt, wenn ich *Schelomo* oder Blochs Suite *From Jewish Life* spielte – dabei hat Zara Nelsova beide Werke auf diesem Cello aufgenommen und wurde von Bloch persönlich begleitet.)

Genau wie eine Ehe hat auch die Beziehung zwischen einem Interpreten und seinem Instrument ihre Höhen und Tiefen. Viele der Tiefen sind zweifellos auf die psychische Verfassung oder gar Neurose des Musikers zurückzuführen. Zur Wahrheit gehört aber auch, dass sich der Klang und die Eigenschaften eines Instruments von Tag zu Tag ändern können. Das Holz und die Saiten reagieren auf äußere Einflüsse wie Temperatur und Feuchtigkeit, manchmal sogar ziemlich heftig. Es kann frustrierend sein, wenn man versucht, einem Cello Töne zu entlocken, das unter dem musikalischen Äquivalent einer Grippe leidet! Und ich bin mir sicher, dass das arme Instrument ebenfalls keine Freude daran hat.

Als ich in jüngeren Jahren ausschließlich auf dem Guadagnini spielte, durchlebte ich eine schrecklich neurotische Phase:

Alle paar Tage hetzte ich zu einem befreundeten Geigenbauer (der ungefähr drei Stunden von mir entfernt wohnte) und bat ihn, den Stimmstock nachzujustieren. (Die geringste Positionsverschiebung des Stimmstocks kann die Klangfarbe eines Instruments radikal verändern; daher ist es verständlich, dass die Italiener den Stimmstock als *anima*, »Seele« bezeichnen.) Heute mache ich das Gott sei Dank nicht mehr.

Ich bin zu der Überzeugung gelangt, dass ein Instrument ein Immunsystem ähnlich dem des Menschen besitzt. Das Holz *möchte* frei schwingen, und es wird einen Weg finden, seine Gesundheit wiederherzustellen (natürlich nur, falls ihm sonst nichts Schlimmes widerfahren ist). Es ist schon vorgekommen, dass ich in extrem feuchten Konzertsälen ziemliche Krisen durchmachte, weil ich enorme Probleme hatte, einen ordentlichen Ton hervorzubringen (zumal die umsponnenen Darmsaiten, die ich im Allgemeinen bevorzuge, besonders empfindlich gegen Feuchtigkeit sind). Aber sobald mein Cello wieder im Normalzustand ist, stößt er einen Seufzer der Erleichterung aus und erholt sich in der Regel schnell – oft schneller, als ich selbst dazu in der Lage bin.

(Ja, ich habe mein Cello gerade mit dem Pronomen »er« bezeichnet. So nehme ich es beziehungsweise ihn eben wahr – natürlich liegt das nicht am kurvigen Äußeren, sondern an der tiefen Stimme. Es scheint mir auf der Hand zu liegen, dass Celli männlich sind und Geigen weiblich; die Bratschen befinden sich irgendwo dazwischen. Wenn man solche Unterscheidungen überhaupt treffen mag …)

Natürlich ist eine enorme Verantwortung damit verbunden, mit einem so bedeutenden Instrument zu reisen (oder auch, es bei sich zu Hause aufzubewahren). Wenn ich zu lange darüber nachdenken würde, hätte ich wahrscheinlich einen Nervenzusammenbruch. Diese Instrumente gehören nicht wirklich »uns«, selbst wenn wir sie offiziell besitzen; sie sind uns nur für eine gewisse Zeit anvertraut, ehe wir sie an die nächste Generation weiterreichen.*

Ich muss wohl kaum erwähnen, dass das Cello auf Flugreisen immer neben mir sitzt (und zwar, ziemlich egoistisch, am Fenster). Auf solchen Reisen werde ich ständig mit den gleichen Fragen bombardiert. Die erste lautet: »Mussten Sie dafür ein Ticket kaufen?« Worauf ich gelangweilt erwidere: »Ja, selbstverständlich.« Dann folgt gewöhnlich die Frage: »Kann das nicht in den Frachtraum?« Worauf ich antworte: »*Ich* könnte vielleicht in den Frachtraum, aber nicht das Cello.« Ich sage das nur halb im Scherz. Wenn Haustiere in den Frachtraum können, wäre auch ich dazu imstande; aber beim Cello ist das eine andere Sache ... Also ja, dafür zu sorgen, dass sich das Instrument sicher und glücklich fühlt, ist unbestreitbar sowohl eine Last als auch ein Vergnügen. (Die naheliegendste Entsprechung ist vielleicht die Sorge, die man für ein Kind trägt, aber wenigstens will das Cello nicht irgendwann allein über die Straße gehen; es wird auch nicht in der Schule gemobbt oder trinkt zu viel Alkohol – außer bei seltenen Gelegenheiten.) Die Sorge, dass ihm etwas Schlimmes zustoßen könnte, lauert andauernd im Hinterkopf. Ich habe regelmäßig Albträume, in denen das Stradivari gestohlen oder beschädigt wird.

Das erinnert mich an etwas, woran ich jahrelang nicht mehr gedacht habe – bis ich anfing, diesen Text zu schreiben ... Als ich ein kleiner Junge war – vielleicht elf Jahre alt? –, bekam ich

---

* Ungeachtet dieser Einsicht muss ich zugeben, dass ich nicht zu jenen großzügigen Menschen gehöre, die alle möglichen anderen Leute auf ihren Instrumenten spielen lassen. Tatsächlich lehne ich das in aller Regel ab, auch wenn es vielleicht kleinlich ist. Wenn mich jemand fragt, ob er auf meinem Cello spielen darf, kommt mir das vor, als würde er mich fragen, ob er meine Partnerin küssen darf. Die Antwort lautet in beiden Fällen: Nein.

ein wunderbares Dreiviertel-Cello als Leihgabe; es stammte von einem deutschen Geigenbauer namens Simpert Niggel. Damals wurde ich immer ziemlich wütend, wenn mir beim Üben etwas misslang (heute bin ich beim Üben ruhiger als je zuvor – was allerdings nicht viel heißen will). Irgendwann – ich weiß nicht mehr genau, warum – verlor ich völlig die Beherrschung, hob das Cello hoch in die Luft und rammte den Stachel in den Boden. Das war ziemlich unverzeihlich, selbst für einen Elfjährigen, aber die Folgen hatte ich nicht im Entferntesten ahnen können. Einen Moment später blickte ich nach unten – und sah, dass das Cello komplett zerbrochen war! Ein Stück Holz ragte hervor, es war völlig abgetrennt vom Korpus des Instruments. Das bleibt einer der schlimmsten Momente in meinem Leben. (Weitaus schlimmer als jener, ein paar Jahre später, als ich einen Ranzen aus dem Fenster im zweiten Stock meiner Schule fallen ließ und damit die Motorhaube vom Auto meines Naturwissenschaftslehrers demolierte; aber auch das möchte ich keinesfalls wiederholen!) Das Cello wurde schließlich repariert, aber ach; was für ein Trauma. Nicht einmal dem unfreundlichsten Musikkritiker würde ich so etwas wünschen …

Also schnell weg von diesen schrecklichen Erinnerungen und zurück zu den Instrumenten, auf denen ich in jüngerer Zeit gespielt habe. Da sie über sehr starke Persönlichkeiten und Temperamente verfügen – nicht umsonst sind sie Italiener! –, stellen sie je eigene besondere Ansprüche, mal ganz abgesehen von ihren gesundheitlichen Problemen. Ein kleines Beispiel mag dies veranschaulichen: Als ich noch das »Feuermann« spielte, wurde ich einmal engagiert, um das erste Cellokonzert von Schostakowitsch in den Vereinigten Staaten aufzuführen. Es handelt sich hierbei um ein Werk, das ein hohes Maß an perkussivem Spiel erfordert – bisweilen muss man fast mit dem Bogen auf die Saiten schlagen. Ich erinnere mich noch an den ersten Abend: Ich spielte, ich schaute hinab auf das Cello – und hatte den deutlichen Eindruck, dass es meinen Blick erwiderte, ja, dass es mich fragte: »Was *fällt* Ihnen eigentlich ein, junger Mann?« (Nun ja, im Vergleich zu dem fast dreihundert Jahre alten Cello war ich damals noch ein junger Mann …) In diesem Moment wurde mir glasklar bewusst, dass es unpassend war, dieses Stück auf diesem Cello zu spielen. Und ich habe nie wieder auf dem »Feuermann« (oder dem »Nelsova«) dieses Konzert gespielt, und auch kein anderes, das eine solche Herangehensweise erfordert.

Darüber hinaus gibt es neben dem Grundcharakter oder der körperlichen Gesundheit des Instruments zahlreiche weitere Faktoren, die gewährleistet sein müssen, damit es seine Klangfülle optimal entfalten kann – tatsächlich so viele, dass es in gewisser Weise ein Wunder ist, dass dergleichen überhaupt geschieht. Im Folgenden seien einige davon näher erläutert.

DER AUFBAU

Wie erwähnt, kann die Position des Stimmstocks den Ton und Charakter eines Streichinstruments enorm beeinflussen. In der Regel basteln Musiker nicht selbst an ihm herum, sondern bringen ihr Instrument für eine fachkundige Behandlung zu einem Restaurator oder Geigenbauer. Der Letztere wird ein ziemlich bedrohlich anmutendes Metallwerkzeug hervorholen – eine Art Schwimmfuß, der an einem gebogenen Griff befestigt ist –, damit in das Instrument eindringen, den Stimmstock ergreifen und ihn zum Steg hin- oder davon wegzerren. Diese wenigen Sekunden sind oft von unerträglicher Anspannung begleitet, die Geräusche des widerwillig sich bewegenden Stimmstocks sind nervenzermürbend. Sobald man dann den Bogen über die Saite zieht, kommt der Augenblick der Wahrheit: Klingt sie besser oder schlechter? Freier oder verkrampfter? Lauter oder leiser? Spricht das Instrument leichter an, entsteht der Ton mühelos –

oder kann man die Saiten nur mit allergrößten Überredungskünsten mit dem Bogen zum Sprechen bringen? Ein Experte – oder Künstler, könnte man sagen – mit echtem Gefühl für die Positionierung des Stimmstocks ist eine Seltenheit und daher hochgeschätzt. Es gibt überraschend wenige davon; sie wissen, wie man das Instrument mit einem einzigen geschickten Ruck wieder zum Schwingen bringt. Der Unterschied zwischen einem solchen Naturtalent und einem minderbegabten Geigenbauer lässt sich vielleicht am ehesten mit dem zwischen einer Krankenschwester vergleichen, die eine Spritze verabreicht, ohne dass man etwas spürt, und jenem als Krankenschwester verkleideten Ungeheuer, das so einsticht, dass man aufschreit und blutet. Nur um dann mitgeteilt zu bekommen, der Eingriff müsse wiederholt werden – und dann noch einmal …

Wenn wir also davon ausgehen, dass der Stimmstock richtig platziert ist und sich im richtigen Winkel befindet (die Position des Stegs ist ebenfalls von entscheidender Bedeutung), gibt es immer noch weitere wichtige Aspekte, die in die umfassende Kategorie des *Aufbaus* gehören. Die *Saiten* zum Beispiel: Über sie wird kontrovers diskutiert. Wie ich oben bereits eingeräumt habe, bevorzuge ich grundsätzlich umsponnene Darmsaiten, die (für mich) in weiten Teilen des Repertoires – zumal in Kompositionen, die vor Beginn des zwanzigsten Jahrhunderts entstanden sind – natürlicher klingen und sich natürlicher anfühlen als die durchdringender und brillanter klingenden Stahlsaiten, die im Allgemeinen benutzt werden.* Dabei geht es um bestimmte

* Bis zum Zweiten Weltkrieg benutzten Streicher üblicherweise – entweder mit Aluminium umsponnene oder »unbehandelte« – Darmsaiten. Dann führten (so wurde es mir zumindest erzählt) Engpässe bei der Beschaffung von Schafdarm dazu, dass künstliche, in der Regel aus Stahl hergestellte Saiten zur Norm wurden. Interpreten wie Kreisler, Casals, Enescu, Thibaud und so weiter spielten daher auf Darmsaiten,

Vorlieben oder Werte: Will man einen möglichst lauten Klang hervorbringen, sind Stahlsaiten durchaus die erste Wahl, aber wenn nicht …

Ich möchte diese Diskussion hier nicht vertiefen, und natürlich ist die Frage nicht annähernd so einfach zu klären, wie es der vorhergehende Satz unterstellt. Aber zumindest kann ich mit ziemlicher Sicherheit behaupten, dass diejenigen, die sich für Darmsaiten entscheiden, ihren Instrumenten einen Gefallen erweisen. Es ist allgemein anerkannt, dass Darmsaiten aufgrund ihrer geringeren Spannung für das langfristige Wohlbefinden alter Instrumente am besten geeignet sind; diese waren nie dazu bestimmt, dem zusätzlichen, durch Stahlsaiten erzeugten Druck standzuhalten.

Und dann (natürlich) …

DER BOGEN

Die Kunst des Bogenmachers ist kaum weniger komplex als die des Geigenbauers. Und tatsächlich haben sich die Bogen im Lauf der letzten Jahrhunderte weitaus stärker verändert als die Instrumente. Die Formen der barocken und klassischen Bogen unterscheiden sich deutlich von ihren »modernen« (das heißt: ungefähr seit Beginn des neunzehnten Jahrhunderts gebauten) Gegenstücken und bringen völlig andere Klänge hervor. Aber egal, welche Art man benutzt – ein hervorragender Bogen ist der wesentliche Begleiter eines hervorragenden Instruments. Wenn man zum Beispiel mit einem minderwertigen Bogen auf einem noch so edlen Stradivari-Cello spielen würde, hätte man Schwierigkeiten, die Qualität des Instruments zu spüren. Was also

---

während diejenigen, deren Karriere nach dem Zweiten Weltkrieg begann, eher auf Stahlsaiten zurückgriffen.

zeichnet einen guten Bogen aus? Wie beim Instrument kann das Aussehen schon viel verraten; aber der eigentliche Test ist, wie er sich anfühlt – das Gewicht, die ausgewogene Balance. Ist der Bogen schwer genug, um der Saite einen vollen Klang zu entlocken? Leicht genug, um von der Saite förmlich abzuspringen, sodass sich ein *Spiccato* wie von selbst ergibt? Steht das Gewicht am unteren Ende des Bogens im richtigen Verhältnis zu dem an der Spitze, damit man hier wie dort mühelos genauso laut – oder leise – spielen kann? Darin liegt der Zauber eines großartigen Bogens.

Ein weiteres, zugleich jedoch entscheidendes Detail dieses Gegenstandes ist das *Bogenhaar.* Wie viele Musiker haben sich schon die eigenen Haare ausgerissen, als sie gegen die Ergebnisse einer schlechten Bogenbehaarung ankämpften? Man kann auf dem Instrument und mit dem Bogen seiner Träume spielen und dennoch außerstande sein, einen befriedigenden Ton zu erzeugen. Eine mangelhafte Behaarung – aufgrund einer nicht fachgerechten Bespannung oder eines minderwertigen Büschels Rosshaar – macht es unmöglich, die Saite zum Klingen zu bringen. Das kann einen zur Verzweiflung treiben! Obwohl dieser Faktor eher geringfügig erscheinen mag, kann er doch alle anderen null und nichtig machen – so wie eine hartnäckige Stechmücke eine traumhafte Nacht in einem Luxushotel in eine einzige Tortur verwandeln kann.

Das sind also ein paar der Hindernisse, die überwunden, und ein paar der Sicherheitsvorkehrungen, die getroffen werden müssen, bevor alle Faktoren stimmen und wir jederlei Beeinträchtigung vergessen können, um uns mit unserem Instrument eins zu fühlen. Aber ach – wenn es dann endlich so weit ist … Im besten Fall kann es sich anfühlen, als würde man die Erde verlassen und schweben! Die schiere sinnliche und geistige Freude, dass das Instrument frei schwingt, dass es genau jenen Klang wiedergibt, den man im Kopf und im Herzen hat, kommt einer ekstatischen Erfahrung sehr nahe. Und dafür sind jene Musikerinnen und Musiker, die das Glück haben, auf diesen wunderbaren Instrumenten zu spielen und von ihnen zumindest während einiger ihrer hoffentlich zahlreichen Jahre auf Erden begleitet zu werden, aufrichtig und ewig dankbar.

DAS KLAVIER

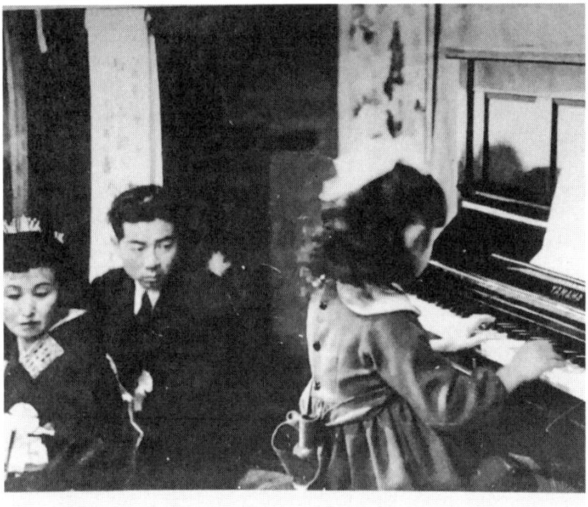

VON AKI TAKASE

Als ich drei Jahre alt war, wurde mein jüngerer Bruder geboren. Bei uns zu Hause gab es ein Klavier, und damit ich den Kleinen nicht ärgern konnte, setzte mich meine Mutter, wenn sie einkaufen ging, auf den Klavierstuhl und band mir eine Schnur um die Taille, damit ich mich nicht bewegen konnte. Mir wurde langweilig, und ich fing an, Klavier zu spielen. Das war, wie es scheint, meine erste Begegnung mit dem Instrument.

Mama machte einen großen Fehler, als sie mich auf dem Klavier spielen sah: Sie liebte das Klavier, spielte selbst ein wenig und wollte daher, dass ich Unterricht nahm. Ich war jedoch nie daran interessiert, viel zu üben – ich bin es bis heute nicht. Aber wenn ich auf dem Heimweg von der Schule auf der kleinen japanischen Insel, auf der wir lebten, den Klang eines Klaviers aus irgendeinem Haus hörte, war ich sehr glücklich, mein Herz setzte einen Schlag aus – und ich verspürte den Drang, Klavier zu spielen.

Das Klavier in all seiner Schönheit, mit seinen schwarzen und weißen Tasten, wurde so in meiner Kindheit zu einem sehr attraktiven Spielzeug. Als ich anfing, Unterricht zu nehmen, ließ meine Klavierlehrerin mich Stücke von Johann Sebastian Bach und Carl Czerny üben. Inzwischen verstehe ich ein wenig von Bachs integrierter Musik, weil jede Note ihren eigenen Platz und ihre Bedeutung in der Struktur hat, die sich durch die Musik ausdrückt. Die moderne europäische Musik, die im achtzehnten Jahrhundert perfektioniert wurde, ist eine rationalistische, westliche Eroberung der Welt. Ich verstehe heute, wie selbst einfache Tonleitern viele Stimmen zusammenbringen und wie wunderbar das ist. Als Kind hingegen fand ich Bach langweilig, obwohl ich ihn bewunderte. Vielleicht wollte ich mehr der Klangwelt in meinem Kopf folgen, die voll unsichtbarer Abenteuer war, während ich am Klavier saß.

Als ich etwa zehn Jahre alt war, begann ich auf Wunsch meiner Mutter, Unterricht bei einer Kompositionslehrerin zu nehmen. Sie sagte mir, ich solle meine Lieblingsnoten aufschreiben und so Klavier spielen, wie es mir gefällt – ich war begeistert! Ich glaube, das hat mir die Möglichkeit gegeben, die Freude an der Improvisation in der Welt des Jazz zu erleben.

Das Klavier ist das europäischste aller Instrumente: ein Geschenk des Westens, ein Modell, das aus einer gleich schwebenden, wohltemperierten Zwölftonstimmung und einer Dur/Moll-Harmoniestruktur besteht. Es ist eine große Erfindung, ein wunderbares Instrument, bei dem man mit zehn Fingern Töne erzeugen kann. Die technische Konstruktion und die Mechanik der Klangerzeugung haben mich stets weniger interessiert – es gibt Musik, weil es etwas zu spielen gibt.

Aber es ist Schicksal, dass der Klang vergeht. Es ist nur natürlich, dass sich die Musik mit der Zeit verändert, und niemand hat die Macht, diese Veränderungen aufzuhalten. Die meiste Musik gerät irgendwann in Vergessenheit. Weil sie spurlos verklingt, vermissen die Menschen den Klang.

Vor langer Zeit gab ich ein Konzert in Ottawa. Die Organisatoren sagten, es sei eine große Ehre für mich, auf dem dortigen Klavier zu spielen, und dass es ein wunderbares Instrument sei, weil schon der große Glenn Gould auf ihm gespielt und dieses Instrument geliebt habe. Doch obwohl das Klavier sorgfältig wie in einem Museum aufbewahrt worden war, war es alt, ungepflegt und ungestimmt. Der energiegeladene Klang des Klaviers hallte nicht nach, und ich hatte große Schwierigkeiten, es zu spielen.

Zankapfel

by Aki Takase

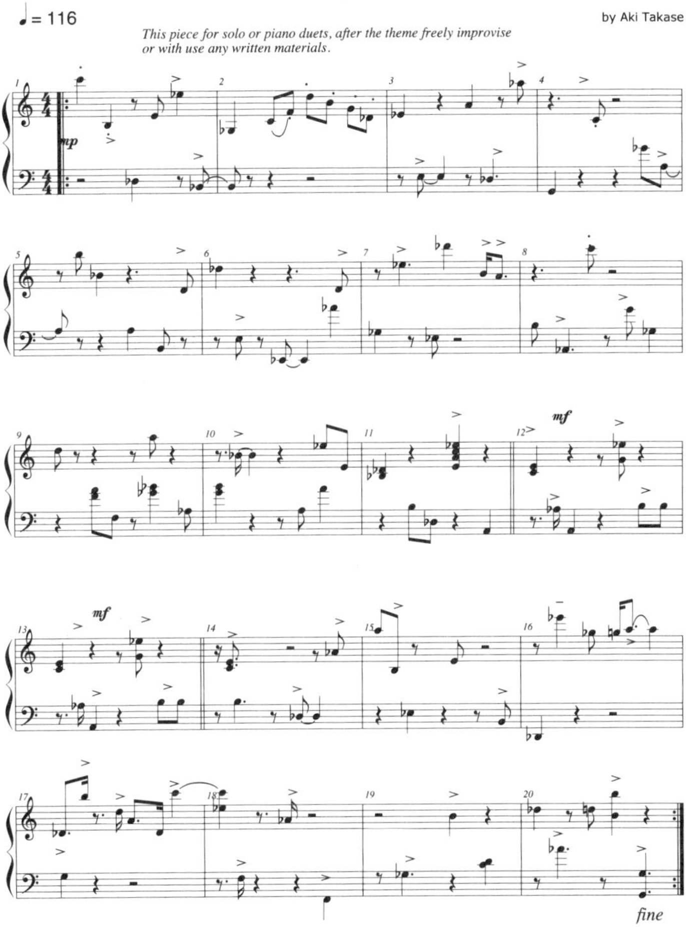

Ein anderes Mal, auf einer Tour vor dem Fall der Berliner Mauer, spielte ich in einem Hörsaal der Universität Jena. Aber der Boden, auf dem das Klavier stand, war nicht stabil, was dazu führte, dass sich das Klavier jedes Mal, wenn ich darauf spielte, nach unten und näher zu mir hinbewegte. Ich erinnere mich daran, wie ich mit einer Hand auf dem Klavier spielte und mit der anderen Hand verzweifelt versuchte, es festzuhalten, damit es nicht noch näher kam. Ein unvergessliches Klavier ist ein Klavier mit Erinnerungen an gute Aufführungen. Aber auch ein altes Klavier, das kurz davor ist, kaputtzugehen, kann man lieben.

In unserer Wohnung leben zwei Pianisten. Musikalisch sind wir sehr unterschiedlich, aber das ist kein Grund für Streitereien. Unser Hauptunterschied ist, dass wir Brot und Reis als Grundnahrungsmittel essen. Das ist der Unterschied zwischen Deutschen und Japanern, zwischen Bauern und Jägern. Ich habe dieses Stück »Zankapfel« mit dem Gefühl komponiert, dass das Essen für mich mit meinem täglichen Kampf in der Küche verbunden ist.

Für mich ist das Klavier wie ein unersetzlicher Geliebter. Manche Liebhaber würde ich gerne wiedersehen, von anderen würde ich mich gerne für immer verabschieden. Aber für einen Pianisten ist es ein Segen, auf der ganzen Welt eine bessere Hälfte namens Klavier zu haben.

DIE STIMME

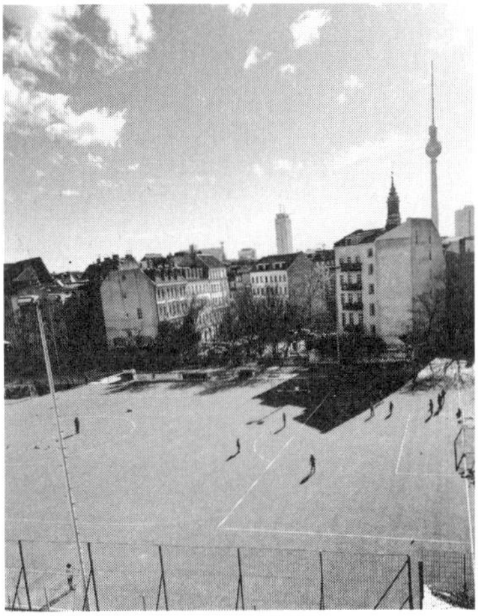

VON INGA HUMPE

Die Stimme ist ein riesiges Spielfeld. Ich wohne an einem Fußballplatz, da kommen schon einige Quadratmeter zusammen. Das Areal der Stimme erscheint mir ungefähr genauso groß zu sein. Aber natürlich räumlicher. Also ungefähr so groß wie ein Fußballfeld, multipliziert mit einem vierstöckigen Gebäude.

Die menschliche Stimme ist extrem vielfältig. Wahrscheinlich so vielfältig wie alle Vogelarten, die auf der Erde existieren (allein in Deutschland leben über 300 verschiedene Arten). Über die Lautstärke der circa zehn verschiedenen Vogelarten um meinen Fußballplatz herum kann ich mich nur immer wieder wundern. Wie viel Dezibel aus diesen kleinen Federkörpern schallen, tirilieren oder krächzen! Wie viele Variationen von Tönen sie hervorbringen! Und das alles ohne Stimmbänder. Vögel können mit sich selbst im Duett singen!

Aber kommen wir zurück zu uns Menschen. Bei Menschen wird die klassische Gesangsstimme in unterschiedliche Stimmlagen eingeteilt: Sopran, Mezzo, Alt, Tenor und Bass. Bei der Sprechstimme unterscheidet man zwischen Bewegungen und Merkmalen wie zum Beispiel Formantenstruktur, Stimmstärke, Grundfrequenz, Verhauchtheit, Klarheit. Beim Gesang in der Popmusik kommen all diese Kriterien zusammen: Die Sänger*innen springen also zum Beispiel von der Sopranstimme in die Verruchtheit, und was immer sie fühlen und ausdrücken wollen, ist erlaubt. Das ist oft schwer einzuordnen, man wird beim Zuhören geradezu gezwungen, bestimmte Gefühle zuzulassen. Es sei denn, der Text der Stimme veranlasst einen zum Abschalten – entweder emotional oder gleich per Knopf, Taste oder Ausschaltbefehl.

Denken Sie bei dem Begriff Stimme gleich an Gesang? Ich natürlich schon. Obwohl ich Menschen oft erst an ihrer Sprechstimme erkenne, weil ich durch eine Gesichtserkennungsschwäche eingeschränkt bin.

Beginnen wir mal bei eins: Als Neugeborene fangen wir sofort an zu schreien. Dieses erste Gekrähe wird von den ein, zwei oder drei Erstzuhörer*innen als schön empfunden – das war es dann aber auch schon. Danach erzeugt man erst wieder ein Leuchten in den Augen der anderen, wenn man ein Wort herausbekommt, dann einen Satz – und dann geht es schon direkt in den Gesang.

Ich konnte (wahrscheinlich, weil ich auf dieses Leuchten in den mich zu selten anschauenden Augen ausgerichtet war) bereits mit drei Jahren Kinderlieder singen und mit fünf eine zweite Stimme halten. Ich versuche immer gern, bei kleinen Kindern zu testen, ob sie eine Melodie nachsingen können: Die Leistungsunterschiede sind groß. Das Kanon-Singen ist auch etwas, das man gar nicht früh genug lernen kann – »Froh zu sein bedarf es wenig«. Eine zweite Stimme singen zu können, gehört jedenfalls zu meinen Ur-Erfolgserlebnissen.

Ich empfinde die Beschäftigung mit meiner eigenen Stimme als eine sehr bereichernde Erfahrung. Die Stimme entwickelt sich ja in einem selbst, im Körper. Und das Vibrieren, das man beim Singen erfährt, wie auch die Erfahrung, sich selbst von innen und außen gleichzeitig hören zu können, ist immer wieder eine Art Selbstermächtigung. In früheren Jahrhunderten war das wahrscheinlich eine der seltenen Selbstermächtigungserfahrungen, die Frauen erleben durften: Das Singen war fast immer erlaubt.

Wir können Stimmen hören und uns von ihnen verzaubern oder abschrecken lassen – aber eine Stimme kann man auch lesen. Sie offenbart unsere Gefühle und unseren psychischen Zustand. Wir können sie trainieren und ausbilden, dennoch hält sie immer einen Zugang zu unserem Gefühlsleben bereit, den wir erstaunlicherweise ziemlich schlecht unter Kontrolle haben. Die Stimme kann zittern, versagen oder strahlen, sie kann weich und verführerisch sein, herrisch und kalt. Sie kann Menschen das Herz öffnen und zu Tränen rühren oder uns das Blut in den Adern gefrieren lassen. Bestimmt hören Sie sofort innerlich ein Beispiel dafür: zum Beispiel den weichen, tiefgründigen Gesang der Callas oder das Ekel-Pathos eines Nazi-Redners.

Diese große Skala in den Stimmen von Menschen spiegelt den signifikanten Ausdruck der unterschiedlichsten Persönlichkeiten wider. Hoffentlich mussten Sie nicht mit einem Elternteil mit einer unangenehmen Stimme aufwachsen oder müssen jeden Morgen ein gut gemeintes Wort mit einer schnarrenden Stimme ertragen. Ich wäre im Lauf der Jahre definitiv abgestumpft, um mich diesem negativen Sound nicht länger aussetzen zu müssen.

Schon als Siebenjährige habe ich im Musikunterricht vorgesungen: »Singt ein Vogel, singt ein Vogel«. Ich war ein vorsichtiges, eher zurückhaltendes Kind, aber meine Stimme hat mich beflügelt. Ich kann mich noch an die Gefühle erinnern, die ich beim Im-Chor-Singen empfunden habe: Freude, Power und ausgelassene Konzentration. Ich empfehle das allen, wirklich allen, als eine elementar wichtige Erfahrung: Singen Sie in einem Chor! Chorsingen bedeutet, dass man erlernt, sich selbst und gleichzeitig anderen zuzuhören. Und das ist eigentlich die Grundvoraussetzung für ein Zusammenleben mit anderen Menschen. Oder mit Tieren. Und nicht nur mit Vögeln.

Bleiben wir bei den Anfängen. Mit Kinderliedern und Märchenplatten entwickelt sich noch keine Faszination oder Leidenschaft für die Stimme. Bei meiner Freundin, der Opernsängerin Christine Schäfer, entwickelte sich die Faszination für die Stimme durch das Geräusch von Straßenbahnschienen. Sie erkannte als kleines Mädchen Töne in dem Kreischen der Räder der Straßenbahn auf den Schienen vor ihrem Haus: Sie konnte hören, ob sie in F oder in H quietschten. Sie besitzt das absolute Gehör. Und daraus entstand ihre Liebe zur Oper und zum Operngesang.

Die Liebe zum Gesang erwachte bei mir nicht durch Straßenbahnen, Opern oder Operetten, sondern durch die Popmusik – und in meinem Fall hauptsächlich mit männlichen Stimmen: Neil Young, die Beatles, Leonard Cohen, Richie Havens, Stevie Wonder, Dean Martin. Später dann auch Ella Fitzgerald, Melanie, Janis Joplin, Joni Mitchell, Edith Piaf, Françoise Hardy. Ich habe alles nachgesungen. Und noch heute singe ich meine eigenen Lieder mit Dean Martin oder Leonard Cohen im Kopf. Zum Beispiel diese eine Zeile in dem 2raumwohnung-Song »Ich und Elaine«, »we share the blood in our veins«: Das ist meine Dean-Martin-Stelle. Oder gleich am Anfang, das erste »Ich und Elaine«: Das singe ich wie Curtis Mayfield (auch wenn Sie das nicht hören ...).

Ich habe schon immer gesungen – früher meistens als Eskapismus-Versuch. Als Kind und als Teenager sang ich aus Begeisterung, und irgendwann wurde ich Sängerin. Das heißt, ich bekam auf der Schauspielschule Gesangsunterricht und Stimmbildung, schrie mir aber mit meiner ersten Band trotzdem unprofessionell Knötchen auf die Stimmbänder. Fünf Jahre später, als meine Stimme noch immer geschädigt war, nahm ich noch einmal Gesangsunterricht bei der wunderbaren Vera Kamaryt. Ab da wurde es eine Zeit lang sehr schwierig, denn alles, was vorher leicht und unbewusst passiert war, wurde jetzt peinlich genau betrachtet: die Zungenstellung, das Zwerchfell, die Atmung, die Körperhaltung, die Nase, die Zähne, die Schultern, der Kiefer, die Brustwirbelsäule, die Muskeln. Die Ohren, der Bauch, die Fußsohlen. Die Konsonanten, die Vokale. Ich stand manchmal heulend nach der Gesangstunde auf der Straße, weil ich meine Stimme nicht mehr fand.

Es folgten große Einsing-Zeremonien vor Konzerten, um wieder mehr Selbstverständlichkeit beim Singen zu erlangen. Seit ein paar Jahren lasse ich diese Übungen vor den Konzerten aber wieder weg – es macht keinen Unterschied mehr.

Noch ein interessanter Aspekt: Stimmen können bewusst zur Täuschung eingesetzt werden. Ein Beispiel, das wir alle kennen und lieben: der Gesang der Schlange Kaa aus dem *Dschungelbuch*, auch als Synchronstimme unschlagbar gut performed von Erich Kestin. Wir lieben dabei, dass wir den Täuschungsversuch der Schlange am Gesang erkennen: Er ist ziemlich unbeholfen. Da gibt es große Abstufungen im Können: Frauen dämpfen und biegen ihre Stimmen nach unten, wenn sie ihre wahren Absichten (Gier, Rache, Manipulation) verstecken wollen. Männer drücken ihre Stimmen nach unten, um mächtiger und männlicher zu erscheinen. Und alte, erfahrene Katzen machen aus Berechnung Geräusche, die ein Baby-Miauen vortäuschen, um Futter zu bekommen. Das alles sind erkennbare Täuschungsversuche.

Aber ob bewusst oder unbewusst, das ist hier die große Frage: Bei Oscar-Verleihungen versagen sogar die Stimmen von bestens ausgebildeten Schauspieler*innen immer wieder. Sie werden hart vor Aufregung oder brechen, weil bei der Dankesrede die Tränen hochkommen. Wir lieben diese Momente von gefühlsregierten Stimmen: Sie spenden Trost und lassen uns für einen Moment die (scheinbar?) echten Menschen erkennen, nicht die Schauspieler*innen. Es hat mich zum Beispiel sehr gerührt, als Alicia Keys bei der Halbzeitshow zur Superbowl 2024 der erste Ton weggecrackt ist. Es war gar nicht so einfach, später einen Original-Mitschnitt dieses Auftritts zu finden, denn dieser erste Ton wurde sofort offiziell korrigiert. Ich liebe Alicia Keys seitdem umso mehr. Für diesen Crack. *She is so alive and kicking,* mit und trotz allem Fame.

Etwas, das ich schon immer mal loswerden wollte: Die schrecklich »falschen« Stimmen, die ich in vielen Kinder-Animationsfilmen und -Hörspielen höre, ärgern mich außerordentlich! Ich kann mich aufregen über so viel Stumpfsinn, Flachheit und Falschheit. Was man alles an Mist und Verwirrung mit einer gekünstelten Stimme rüberbringen kann! Es sind meistens dieselben Sprecher*innen und Regisseure, die die immer gleichen, immer falschen Töne produzieren: Sie versauen damit den Kindern die Ohren! Die Kinder beginnen, diese Stimmen nachzuahmen, und das klingt wie verkratztes Plastik.

Eine Frage zum Schluss: Wie kann man in einen einzigen Laut, in eine Silbe wie »häoa«, »aooh« oder »eck« so viele verschiedene Stimmungen laden? Wie kann man Verachtung, Mitgefühl, Angst, Liebe, Unsicherheit, Begeisterung, Qual, Enttäuschung, Aggression und wahrscheinlich jede andere erdenkliche Gefühlskombination ausdrücken – mit nur einem Laut? Daran erkennt man gute Schauspieler*innen: Sie haben die Intuition, mit ihrer Stimme in einer Silbe die ganze Figur darzustellen.

Liebe Grüße noch an Ihre Ohren – und jetzt als wirklich allerletzte Bemerkung zum Spielfeld Stimme: Wie genau die Psyche auf die Stimme wirkt, ist noch relativ unerforscht. Aber sie wirkt. Ich würde behaupten: Deine Stimme, sie verrät dich.

DIE GITARRE

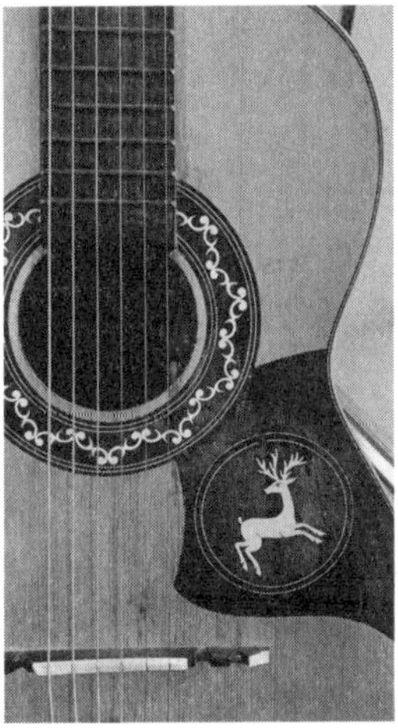

VON JOCHEN DISTELMEYER

THIS MACHINE KILLS FASCISTS.

Von Woody Guthries legendärer Bezeichnung für seine Gitarre hörte ich das erste Mal Anfang der Achtzigerjahre auf einem Punk-Konzert im AJZ Bielefeld. Der Gitarrist der Anarcho-Punkband Die Anderen hatte – so die Legende – nicht nur seine neue Fender-Stratocaster tags zuvor, mit einem Seil am Fahrrad befestigt, die Heeper Straße auf und ab fahrend hinter sich hergezogen, sondern sie anschließend noch per Edding mit Guthries Slogan versehen. Vom älteren Bruder eines Freundes erfuhr ich an diesem Abend, dass es sich bei dem Spruch um ein Zitat des mir bis dahin vollkommen unbekannten Folksängers Woody Guthrie handelte, den dieser sich in den frühen Vierzigerjahren auf seine Gitarre geschrieben haben soll. Cool!

Als ich ein paar Monate später meine erste eigene E-Gitarre in Händen hielt – ich hatte während der Sommerferien bei der Renovierung des Bielefelder Szenecafés »Casablanca« geholfen und mir so das nötige Geld für eine Ibanez AS 50 (mit Koffer) verdient –, war die Erinnerung an diesen Konzertabend längst verblasst und vor meinen eigenen Ambitionen, Musiker zu werden, in den Hintergrund getreten. Nur das Guthrie'sche Credo war mir im Gedächtnis geblieben. Als hätte es sich eingebrannt. »This machine kills fascists« – geht klar! Nur wie?

Einige Jahre später – ich war mittlerweile nach Hamburg gezogen, hatte in der Kirchengemeinde Neuengamme meinen Zivildienst absolviert und war mit meiner Band Blumfeld tief eingetaucht in die Hamburger Musikszene der frühen Neunzigerjahre – bekam der Sinnspruch eine ganz gegenwärtige, drängende Bedeutung. Angesichts der pogromartigen Ausschreitungen und Anschläge auf Asylbewerberheime in Hoyerswerda und Rostock-Lichtenhagen hatte die Bundesregierung unter Kanzler Helmut Kohl 1993 mit Zustimmung der SPD den sogenannten »Asylkompromiss« verabschiedet, der – heute würde man sagen: in klassischer »Täter-Opfer-Umkehr« – einer faktischen Abschaffung des Asylrechts gleichkam. In Solidarität mit den Opfern und aus Protest gegen die unterschwellige Koalition eines rechtsradikalen Mobs in den Straßen, medialer Berichterstattung und staatlicher Politik, nahm ich mit Blumfeld an der Initiative der neu gegründeten »Wohlfahrtsausschüsse« teil.

Auf einer Tour unter dem Motto »Etwas Besseres als die Nation« ging es mit politischen Aktionen und Konzerten darum, antifaschistische Kräfte zu bündeln und dem nach der Wiedervereinigung sich erneut Bahn brechenden Rechtsradikalismus (wenn nötig auch mit Gewalt) entgegenzutreten. Die Grundüberzeugung der beteiligten politischen Gruppen, Bands, Künstlerinnen und Künstler war dabei getragen von dem unbedingten Glauben an die universelle Gültigkeit und Unteilbarkeit der Menschenrechte und der besonderen Verpflichtung, sich als in Deutschland Lebende und Aufgewachsene gegen jede Form von Rassismus, Antisemitismus und Diskriminierung von Minderheiten einzusetzen.

Bei den Konzerten spielte ich meine AS 50 und eine Gibson Firebird, die ich auf einer der ersten Blumfeld-Tourneen erstanden hatte – als hätte Guthrie seinen Glaubenssatz nicht nur auf seiner, sondern auf jeder Gitarre verewigt. *But it didn't succeed.*

Keine zehn Jahre und ein gescheitertes NPD-Verbotsverfahren später – das von der rot-grünen Bundesregierung unter Gerhard Schröder eingeleitete Verfahren musste wegen des Verdachts der Steuerung der NPD durch Mitarbeiter des Verfassungsschutzes eingestellt werden – begann mit dem Sprengstoffanschlag auf eine türkische Gastwirtschaft in Nürnberg im Juni 1999 die Anschlags- und Mordserie des NSU. Die Terrorgruppe um drei gut vernetzte Neonazis aus Jena konnte, von polizeilichen Untersuchungen unbehelligt, über Jahre hinweg ihr mörderisches Unwesen treiben. Bis 2007 tötete die Gruppe aus rassistischen und fremdenfeindlichen Motiven zehn Menschen, bevor durch die Selbstmorde von zweien der Haupttäter im Jahr 2011 ihre Verbrechen ein Ende nahmen. Trotz Beobachtung durch den Verfassungsschutz wurde ein rechtsextremer Hintergrund der Taten bei den Ermittlungen jahrelang ausgeschlossen. Stattdessen suchte man im Umfeld der Opfer nach möglichen Tätern und setzte trauernde Angehörige bei Verhören unter Druck.

Am Ende des fünf Jahre währenden Prozesses gegen die überlebende Mittäterin und vier weitere als Gehilfen Angeklagte blieb die Fassungslosigkeit über das behördliche »Komplettversagen«, über Aktenvernichtungen durch den hessischen Verfassungsschutz und schließlich die Anweisung des Landesamtes für Verfassungsschutz, weitere Akten für 120 Jahre unter Verschluss zu halten.

Auch danach kam es in der Bundesrepublik immer wieder zu rechtsterroristischen Anschlägen. 2016 erschoss ein Achtzehnjähriger in München neun Menschen aus rassistischen Motiven. 2019 wurde der Kasseler Regierungspräsident Walter Lübcke ermordet. Im selben Jahr versuchte ein Schwerbewaffneter, zu Jom Kippur eine Synagoge in Halle zu stürmen, und tötete zwei Menschen außerhalb des Gebäudes. Beim Anschlag in Hanau erschoss im Jahr 2020 ein Dreiundvierzigjähriger neun Menschen mit Migrationshintergrund. Insgesamt fielen in Deutschland von 2016 bis 2021 zweiundzwanzig Menschen rechtsextremen Anschlägen zum Opfer.

In einem Land, das in seiner viel gepriesenen »Erinnerungskultur« über ein bloßes Bekenntnis zur Tat nie hinausgelangt ist, in dem sich ein »Mantel des Schweigens«, der Verleugnung familiärer Verstrickung in NS, Krieg und Judenvernichtung bis heute gehalten hat, waren es nicht zuletzt die rechtsstaatlichen Verirrungen der Corona-Jahre, die grotesk irrationalen und menschenfeindlichen Maßnahmen und Kampagnen zweier Bundesregierungen, die dazu beigetragen haben, dass eine »in Teilen rechtsextreme« Partei wie die AfD sich seither als liberale Bürgerrechtspartei gegen Merkel-, Ampel- und Medien-»Diktatur« in Stellung bringen kann, ohne für ihren völkisch-national-neoliberalen Markenkern von Wählerinnen und Wählern abgestraft zu werden. Die jüngsten Bekenntnisse zu freiheitlich-demokratischer Grundordnung und gegen Nazis können nicht darüber hinwegtäuschen, dass die AfD nicht erst seit der – holocaustrelativierend zur »neuen Wannseekonferenz« hochkolportierten – Potsdamer Wichtigtuer-Veranstaltung, sondern bereits seit 2017 im Bundestag und in beinah allen Landtagen zum Teil zweistellig vertreten ist. Die jetzt für Demokratie und »Gegen Nazis« Demonstrierenden müssen sich außerdem die Frage gefallen lassen, wo sie waren, als evidenzlose Grundrechtseingriffe, Obrigkeitshörigkeit, Ausgrenzung und mediale Einschüchterung Andersdenkender an der Tagesordnung waren, und warum sie zwar gegen Nazis und AfD, nicht aber gegen europäische Internierungslager (»grenznahe Wartezentren«) und das »Rückführungsverbesserungsgesetz« der Ampelregierung auf die Straße gehen.

Die seit Langem nicht nur medial zu beobachtende verbale Hochrüstung in Streit und Debatten und das Ausmaß an Verachtung und Hetze im Netz wie auf den Straßen finden ihre Entsprechung in den lauter werdenden Rufen nach deutsch-europäischer Aufrüstung und Kriegsbereitschaft – Ergebnis eines einmal implementierten und durch die Coronapolitik verfestigten, nicht mehr hinterfragten Freund-Feind-, Schwarz-Weiß-, Ja-Nein-Denkens einer kollektiv-narzisstischen Abwehr.

Was das jetzt alles mit meiner Gitarre zu tun hat? Nun, vom französischen Filmemacher Jean-Luc Godard stammt der Satz, über »Vietnam« zu schreiben heiße, auch über den Bleistift zu schreiben, mit dem man schreibt. Dasselbe gilt für mich auch umgekehrt: Über meine Gitarre zu schreiben, bedeutet für mich auch, die politischen Verhältnisse in den Blick zu nehmen. Solange ich denken kann, ist Musik für mich mehr als nur Musik. Sie ist eine Haltung dem Leben gegenüber, oder genauer: meine Art zu leben.

Seit meinen Anfängen in Hamburg beschäftigt mich die Frage, wie das denn gehen soll, mit dieser »Maschine« »Faschisten« gewaltfrei zu »killen«? Indem man Songs schreibt? Lieder wie »Zeittotschläger«, »Eine eigene Geschichte«, »Die Diktatur der Angepassten«, »Deutschland der Deutschen« oder »Wohin mit dem Hass« sind Ergebnisse meiner Auseinandersetzung mit dem Thema und des Versuchs, »es anders zu machen«.

Meine Gitarre ist dabei etwas, woran ich mich halten kann. Eine Art Kompass oder Wahrheit, die mir hilft, meinen Weg zu finden. Dazu muss ich sagen: Ich bin kein klassisch ausgebildeter Gitarrist, habe mein Instrument in dem Sinne nie »gelernt«, sondern mir die Art, wie ich spiele, selbst beigebracht: beim Machen, zusammen mit anderen. Mit dem Ziel, meine eigenen Songs zu schreiben und zu spielen. »Make your own kind of music / play your own special song«, wie es bei Mama Cass Elliot heißt – »even if nobody else sings along«.

Als Sänger nutze ich meine Gitarre vor allem, um mich zu begleiten. Auf meinem Weg zur und durch die Musik. Getragen von dem Gefühl, Teil einer größeren Gemeinschaft zu sein, Vertreter des fahrenden Volks, der Gaukler, Nomaden und Parias. Nachfahre südprovenzalischer Troubadours, keltischer Barden und Minnesänger, von indoeuropäischen Sinti und Roma, deren

Wanderungen wir die Verbreitung der Pentatonik und damit die größten Teile der europäischen Folkloremusik verdanken. Von Flamenco, Polka und Fado über bulgarische Frauenchöre und ungarische Volkslieder bis zu den klassischen Kompositionen von Liszt, Lehár, Strauss, Debussy, Ravel und Bartók. Und nicht zuletzt: die großen Sänger der schwarzen Diaspora, Vorfahren der angloamerikanischen Popkultur. Die Hobos und Tramps des Blues: Lightnin' Hopkins. Howlin' Wolf. Bukka White. John Lee Hooker! Väter des Jazz, von Rock 'n' Roll, Soul, Hip-Hop und Techno. Sie alle: durch Musik verbunden, in der Musik Teil des Ganzen.

Meine Gitarre lässt mich fliegen, ohne abzuheben. Wenn doch, holt sie mich wieder runter. Erdet mich wie die Wurzeln eines Baums, aus dem sie gemacht ist und an denen entlang ich hinabsteigen kann in unbekannte Gefilde. Unterwelten durchstreife, den Hades erforsche, Landschaften der Seele erkunde. Damit ich weiß, wovon ich singe. Und am Ende wieder emporsteigen kann, an ihren Ästen und Zweigen mich aufschwinge in Richtung Sonne. Vielleicht sollte ich sie Beatrice nennen.

An dieser Stelle möchte ich die Gelegenheit nutzen und, einer Irritation nachgehend, den titelgebenden Begriff der »besseren Hälfte« für mich freundlich zurückweisen. Suggeriert er doch, man sei als Musiker oder Mensch nur der schlechtere Teil eines Gespanns und bedürfe einer wie auch immer gearteten »besseren Hälfte«. In meinem Fall kann ich sagen: Ich finde mich gut. So wie ich bin. Meistens jedenfalls. Mit allen Unzulänglichkeiten und Fehlern, versteht sich. Auch das ist etwas, das ich der Musik, meinem Instrument und nicht zuletzt der Anerkennung durch das Publikum verdanke: ein Grundvertrauen in mich und meine Intuition. Etwas, das ich gerne weitergeben möchte. Das Musikmachen hat mich darin bestärkt, meinem Urteilsvermögen zu trauen, meinem »Spielgefühl« zu folgen. Und keine Angst davor zu haben.

Vielleicht liegt darin die tiefere Wahrheit des Guthrie'schen Credos, der antifaschistische Akt musischer Produktion und Praxis. Indem Musik uns in Kontakt bringt mit unseren Gefühlen, uns »nachspüren« und genauer hinhören lässt auf das vielstimmige Orchester unserer Empfindungen, nimmt sie uns auch die Angst vor Erfahrungen, in denen wir uns klein, verletzlich und den Herausforderungen des Lebens nicht gewachsen fühlen. Und daher vielleicht der Versuchung erliegen, uns in selbstverleugnende Grandiosität oder Überanpassung zu flüchten. Ein authentisches Gefühl für sich selbst steht dem entgegen. Am Beispiel von Rechtsextremisten erleben wir, wohin es führen kann, Identität mit Identifikation zu verwechseln. Sie begegnen all denen mit neidvoller Verachtung und projiziertem (Selbst-)Hass, die sie daran erinnern, was sie auch sind und nicht sein dürfen: verwundbar, schwach, hilfsbedürftig, sterblich. Oder nicht sind, aber gern sein würden: geliebt, gehalten, glücklich, lebendig. Die ausgestellte Schamlosigkeit, mit der Rechtsextreme sich äußern und auftreten, in Parlamenten oder bei Parteitagsreden, soll kaschieren, dass sie zutiefst von Scham erfüllt sind – wie kleine, geschlagene Kinder, die nicht verstehen können, wofür sie gerügt wurden. Sie schämen sich ihrer selbst und suchen dafür unbewusst nach Bestätigung. Der bösartige Trotz, mit dem der Holocaust geleugnet oder als »Fliegenschiss« bezeichnet wird, ist ein Fall für den Kinderpsychiater. Und die Gerichte.

Indem Musik uns in Einklang bringt mit unseren Körpern, unserer Sexualität und der ganzen Bandbreite unserer Affekte und Empfindungen, öffnet sie uns für die Erfahrung einer grundsätzlichen, mitfühlenden und lebensbejahenden Verbundenheit: das Grundgefühl, noch vor allem Trennenden, allen Unterscheidungen von Art, Geschlecht, Ethnie oder Klasse immer schon eins zu sein mit allem, aufgehoben im Ganzen einer kosmischen Ordnung. Dieses an Albert Aylers Auffassung von Musik als »healing force of the universe« anschließende Verständnis ist es aus meiner Sicht, worin Woody Guthries Losung zu sich kommt. Und wodurch sie am Ende gelingen kann.

DIE DREHLEIER

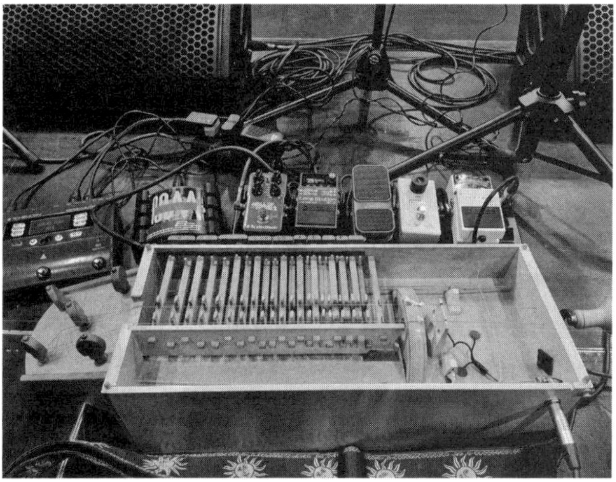

VON DANIELLE DE PICCIOTTO

Das erste Mal hörte ich eine Drehleier in Prag. Ich schlenderte durch die Innenstadt, von den endlosen Touristenströmen mitgerissen, und schaute mir die wunderschönen alten Steingebäude an, in denen sich heute Boutiquen mit günstigen Touristenattraktionen befinden. Ich dachte darüber nach, wie unsere Welt von einem überwältigenden Tsunami der Gentrifizierung verschlungen wird und dass viele alte Ecken und Winkel, die ich geliebt habe, verschluckt, ausgelöscht und unsichtbar gemacht werden. Ich bin kein Fan von Nostalgie, aber es ist traurig zu erleben, wie Städte auf der ganzen Welt neu geordnet und geglättet werden, um für die Industrie Profite zu generieren. Viele dieser Orte hatten eine Seele, die nicht durch generisches Design oder KI-Kunst ersetzt werden kann. Was passiert mit uns, wenn alles glatt und kantenlos geworden ist?

Ich hielt an, um mir die berühmte mittelalterliche astronomische Uhr auf dem Stadtplatz anzusehen, die 1410 aufgestellt wurde und damit die älteste noch funktionierende Uhr der Welt ist. Stündlich zeigen die Apostelfiguren und andere Skulpturen, insbesondere eine Skelettfigur, die den Tod darstellt, die Zeit an. Außerdem gibt es eine Kalendermechanik mit Medaillons, die die Monate darstellen, und ein Zifferblatt, das die Sonne und die Mondphasen anzeigt. Einer lokalen Sage zufolge wäre das Wohl der Stadt gefährdet, wenn die Uhr vernachlässigt würde und ihr ordnungsgemäßer Betrieb gefährdet wäre; ein auf die Uhr montierter Geist soll dann zur Bestätigung mit dem Kopf nicken.

Wie detailliert diese alten Objekte sind! Es ist faszinierend, wie viele Stunden an Arbeit und Gedanken investiert wurden, um eine Verbindung zwischen Architektur, Metaphysik, Astronomie, Alltag, Spiritualität und Philosophie herzustellen. Dieses ganzheitliche Denken wurde von unseren Vorfahren als selbstverständlich angesehen und hat mich schon immer begeistert. Es ist ein faszinierendes Unterfangen, einen Zusammenhang zwischen Mathematik, Musik und den Planeten zu erkennen, und ich beobachtete nachdenklich, wie die kleinen Gestalten der personifizierten Eitelkeit, der Gier und der Lust mechanisch ihre Köpfe schüttelten, als sie die zwölf Apostel erblickten, die langsam am Eingang über der Uhr auftauchten. Während des Spektakels hörte ich ein seltsames Geräusch. Zuerst dachte ich, es sei ein Teil des Kunstwerks, ein Teil der *Orloj* (so der tschechische Name der Uhr), aber mir wurde schnell klar, dass es aus einem Durchgang auf der linken Seite des Platzes kam. Neugierig folgte ich der leisen Melodie durch die Arkaden und Gassen, für die das alte Prag bekannt ist, bis ich einen kleinen Platz erreichte.

Dort erblickte ich einen alten Mann, der auf der Treppe vor einer der vielen Statuen saß und mit brüchiger Stimme sang. Er hielt einen großen Holzgegenstand auf seinem Schoß. Die Massen, die an ihm vorbeieilten und blind auf die hell erleuchteten Geschäfte und deren Tingeltangel starrten, bemerkten die kleine Gestalt kaum, nur ein paar Münzen fielen in seinen Hut auf dem Boden. Fasziniert lauschte ich dem Klang, den er erzeugte, indem er eine Kurbel auf der rechten Seite des Instruments drehte und mit der linken Hand Tasten spielte. Es fühlte sich an, als würde die alte Stadt wiederauferstehen – nicht durch Steine, sondern durch Klang. So etwas hatte ich noch nie gehört. Kann ein Klang den Lauf der Zeit, vergessene Orte und erlebte Geschichte ausdrücken? Ich hatte ein Instrument entdeckt, das wie Rost, Erde und eine Stimme aus dem Himmel klang, vergleichbar dem, was ich empfinde, wenn ich die Klavier- und Violinkonzerte von Bach und Beethoven höre, mit denen ich aufgewachsen bin. Klassische Musik und traditionelle Musik können einen zeitlosen Glanz erlangen, der niemals altert und immer relevant erscheint. Man sagt, dass viele dieser Komponisten Mathematik und Astrologie in ihre Werke mit einbezogen haben.

Der Unterschied in diesem Fall bestand darin, dass dieses ätherische Gefühl nicht durch eine menschliche Komposition, sondern durch den bloßen Klang eines Instruments hervorgerufen wurde und mich an Orte jenseits der Musik trug. Es möge jetzt bitte niemand denken, dass ich ein Fan von Mittelalterfesten und Mummenschanz bin oder dass ich mich für Mittelalter-Rock interessiere. Ich bin grundsätzlich nicht der Typ, der sich einem bestimmten Musikgenre zurechnet, sondern komponiere normalerweise Musik entweder im Rahmen meiner Soloprojekte oder zusammen mit meiner Band hackedepicciotto, die in den weißen, leeren Räumen der Musikindustrie-Landkarte schwebt. Meistens beschreibe ich meine Musik als experimentellen oder symphonischen Drone – damit meine ich Schichtungen von Tönen und Melodien, die sich zu endlos scheinenden Klangfarben stapeln.

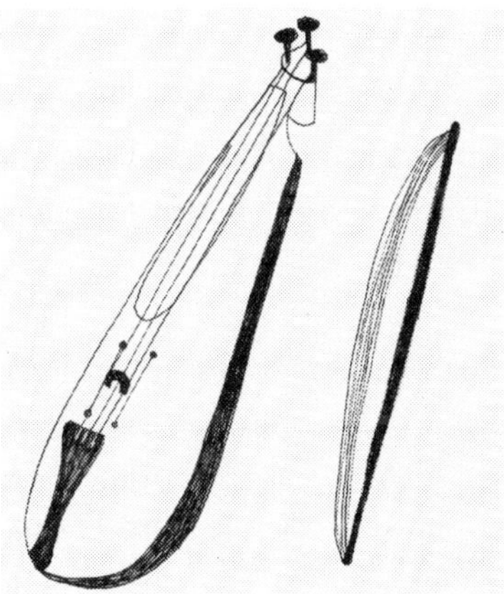

Was mich interessiert, ist roher, unmanipulierter Sound. Ich besitze eine türkische Kemençe, die mit einem Rosshaarbogen gespielt wird, und habe ihren schönen kratzigen Klang in einigen Filmsoundtracks verwendet. Entdeckt habe ich sie in einem kleinen Laden in Istanbul, der auf traditionelle Instrumente spezialisiert ist, und beim Bezahlen spontan auch eine kleine Zurna gekauft, ein traditionelles Holzblasinstrument.

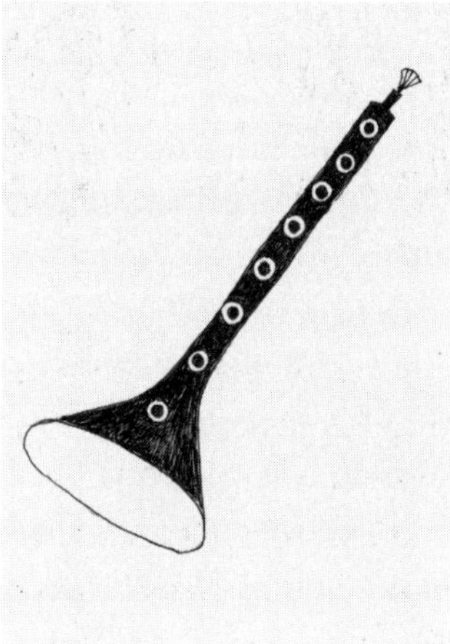

Es stellte sich heraus, dass es erstaunlich laute, hohe, scharfe und durchdringende Töne erzeugt. Ich kann mit Stolz behaupten, dass es mir tatsächlich gelungen ist, es so durchdringend zu spielen, dass sich Alexander Hacke beschwert hat, es sei zu laut. Ich glaube nicht, dass es jemals jemandem gelungen ist, ein Mitglied der Einstürzenden Neubauten dazu zu bringen, so etwas zu sagen.

Ein weiteres Instrument, von dem ich schon immer geträumt habe, ist die Shamisen, die ich in einer New Yorker U-Bahn-Station entdeckte. Ein japanischer Musiker zupfte dort friedlich eine Melodie, umgeben von wirbelnden Büroangestellten, die in einem wilden Pendler-Rushhour-Marathon durch die Gänge

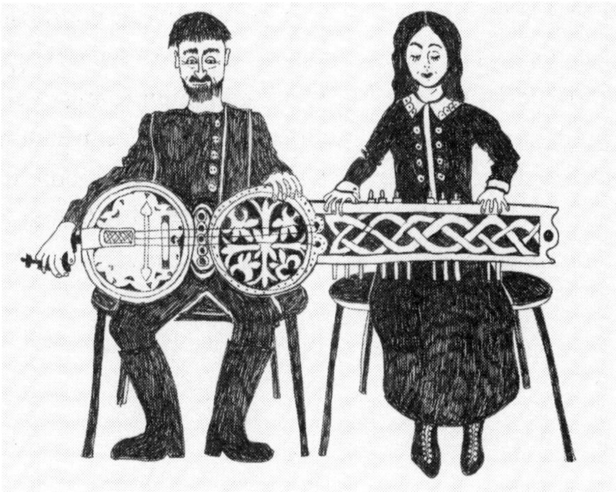

eilten. Seine Musik verwandelte die Szene in ein surreales *Koyaanisqatsi.** Der ruhige Klang des Instruments mit seinen melancholischen orientalischen Dissonanzen entlarvte das wahre Wesen des atemlosen amerikanischen Konkurrenzkampfs, ständig auf der Jagd nach dem Gelobten Land aus Gold und Silber. Musik kann so viel mehr ausdrücken als Worte.

Die gleiche Transzendenz empfand ich nun in Prag, als ich vor diesem grauhaarigen, lächelnden Mann stand, der seine Drehleier spielte. Als Jirí Wehle (so hieß er) mit Spielen fertig war, fragte ich ihn nach dem Namen des Instruments und kaufte seine CD. Zurück in meinem Hotel, googelte ich sofort nach Drehleiern und entdeckte, dass sie ursprünglich aus dem Frankreich des elften Jahrhunderts stammten und eine Art Geige waren. Ich spiele seit meinem zehnten Lebensjahr Geige, daher fühlte sich diese Verbindung bedeutungsvoll an.

---

* Titel eines experimentellen Films von Godfrey Reggio aus dem Jahr 1982: Durch schnell aneinander montierte, assoziative Bilder und Töne entwickelt er einen sehr eigenen, flirrenden Rhythmus.

Eine der frühesten Formen der Drehleier war das Organistrum, das so groß war, dass es von zwei Personen gespielt werden musste: Einer kurbelte, der andere bediente die Tasten. Das Instrument hatte einen schönen, langen Hals und komplizierte Gravuren. Es war so umständlich zu spielen, dass nur langsame Melodien möglich waren, und es wurde deswegen hauptsächlich im klösterlichen und kirchlichen Kontext zur Begleitung von Chormusik verwendet.

Später wurden kleinere Versionen des Instruments entwickelt, sodass eine einzige Person die Kurbel drehen und die nun praktischeren Tasten betätigen konnte. Dadurch wurde es möglich, schnelle Volkslieder zu spielen. Zu dieser Zeit wurde dem Instrument auch eine sogenannte summende Brücke hinzugefügt. Die *buzzing bridge* ist eine asymmetrische Brücke, die unter einer Bordun-Saite auf dem Resonanzboden ruht; der Bordun-Ton bleibt unentwegt stehen und begleitet die restliche Melodie. Wenn das Rad beschleunigt wird, hebt sich ein Fuß des Steges vom Resonanzboden und vibriert, wodurch ein summendes Geräusch entsteht. Dieses Geräusch kann zum Halten des Timings benützt werden, aber ich verwende es nicht.

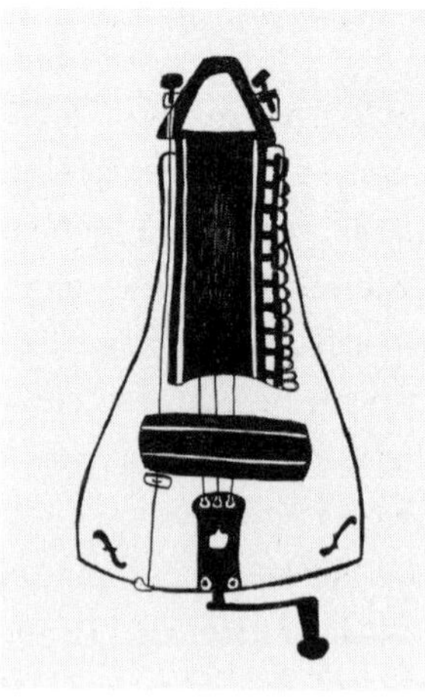

Im Allgemeinen spiele ich diese traditionellen Instrumente nicht so, wie sie vorgesehen sind. Ich bin nicht daran interessiert, dass sie mittelalterlich aussehen oder klingen, ganz im Gegenteil. Mir geht es darum, die Eigenartigkeit ihres Klangs auf möglichst abstrakte Weise zu verstärken, und ich möchte nicht, dass die Instrumente einem bestimmten Genre zugeordnet werden können. Deshalb spiele ich sie absichtlich falsch und ordne ihre Resonanzen neu.

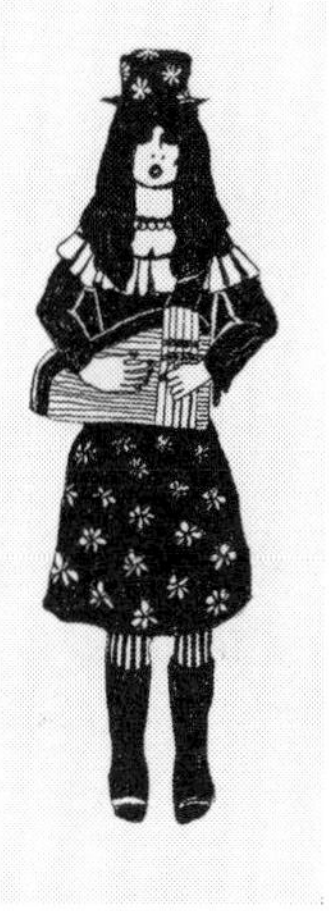

Meine Autoharp zum Beispiel, ein weiteres traditionelles Saiteninstrument aus der Familie der Zithern, das 1882 von Charles F. Zimmermann, einem in Philadelphia lebenden deutschen Einwanderer, erfunden wurde, soll eigentlich auf Brusthöhe im linken Arm gehalten werden. Die linke Hand drückt die Knöpfe, während die rechte die Saiten anschlägt. Aber ich spiele sie wie eine Rockgitarre und trage sie mit einem Gitarrengurt um die Schultern, so cool wie Johnny Ramone – nur dass die Autoharp sechsunddreißig Saiten hat, im Vergleich zu den sechs Saiten einer Gitarre. Dadurch ist die Tonalität sehr unterschiedlich. Irgendwann begann auch PJ Harvey, Autoharp zu spielen.

Ich bin überzeugt, dass sie über Mick Harvey von dem Instrument erfahren hat, der früher bei den Bad Seeds war und mit dem ich kurz zuvor auf Tournee gewesen war. Aber PJ Harvey spielt es auf eine ätherischere, traditionellere Art und Weise. Ansonsten kenne ich keine Musiker, die dieses wunderschöne Instrument spielen, was überraschend ist, denn sein Klang ist erstaunlich, und ich bekomme nach Auftritten immer viele begeisterte Reaktionen vom Publikum am Bühnenrand. Die berühmteste Autoharp-Spielerin war übrigens June Carter, die Frau von Johnny Cash.

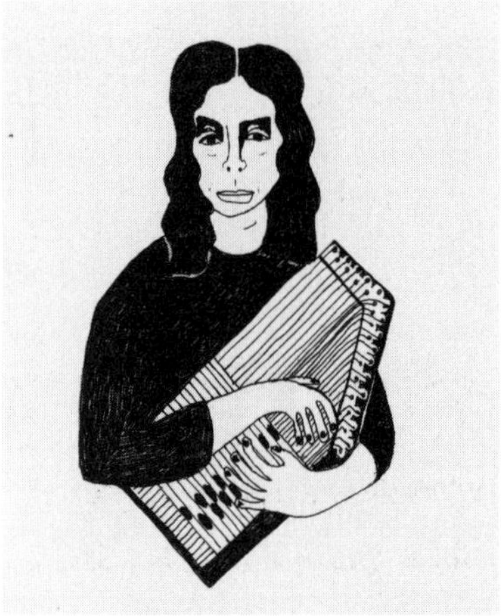

Aber zurück zur Drehleier. Meine Recherchen zur Hurdy-Gurdy, wie sie auf Englisch heißt, ergaben, dass dieses Instrument im Lauf der Geschichte viele verschiedene Phasen mit unterschiedlichen Saitenzahlen und Formen durchlaufen hat. Alle Drehleiern, die ich finden konnte, waren wunderschön, aber auch ziemlich teuer: Online gab es nur welche für 3500 Euro. Das war eine Summe, die ich mir nicht leisten konnte, und so schob ich meinen Traum beiseite – bis mein wunderbarer Mann mich zu meinem Geburtstag mit einer Drehleier überraschte. Er hatte recherchiert und in Polen ein sehr einfaches, preiswertes Modell gefunden. Es war sehr rau zusammengezimmert und klang, wie manche Leute später auf Konzerten sagen sollten, »wie ein sterbendes Tier, das um Hilfe schreit«. Aber ich liebte es. Ich glaube, es dauerte ungefähr zwei Jahre, bis es auseinanderfiel. Doch zwischenzeitlich hatte ich von einem lieben österreichischen Freund, der mit einer großen Kiste zu einer meiner Shows in Wien gekommen war, ein weiteres Instrument geschenkt bekommen: »Das liegt schon seit Jahren in meinem Keller herum, und ich glaube, es hat auf dich gewartet.« Diese Drehleier ist viel stabiler und hat einen schöneren Klang. Sie ist rechteckig und wurde von einem Luthier in Wien gebaut. Ich spiele sie jetzt seit fast sechs Jahren, und sie ist ein wesentlicher Bestandteil des hackedepicciotto-Sounds. hackedepicciotto ist das Duo, zu dem ich gehöre. Die andere Hälfte ist Alexander Hacke, auch bekannt als Bassist der Einstürzenden Neubauten.

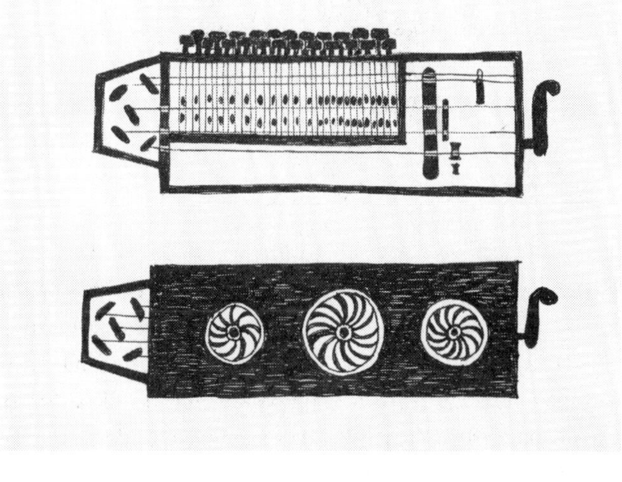

Mir gefällt besonders, dass dieses Instrument eine so kräftige, raue Stimme hat. Was ich nicht wusste, war, dass dies eigentlich nicht üblich ist. Nachdem ich das Instrument ein paar Jahre lang gespielt hatte, bereitete mir eine der Tasten Probleme, also beschloss ich, den Handwerker in Österreich aufzusuchen, um es reparieren zu lassen. Als er mein Instrument sah, stöhnte er laut auf und begann sofort mit der Reparatur. Offensichtlich hatte jemand die falschen Saiten aufgespannt, und ich hatte sie, naiv und unwissend, einfach weitergespielt. Nach ein paar Stunden, als der Luthier endlich zufrieden war, packte ich das Instrument schnell ein und fuhr direkt zu dem Festival, auf dem ich an diesem Abend spielen sollte.

Es war eine riesige Bühne und ein großes Publikum, und ich freute mich darauf, sie mit meinem ungewöhnlichen Instrument mit der eindringlichen Stimme zu begeistern. Zu meiner Überraschung war diese Stimme aber vollständig verschwunden, und als ich anfing, die Kurbel zu drehen, war ein sanfter, zarter Ton zu hören, der eher nach einer Taube als nach einem Wal klang. Ich war entsetzt. Sobald ich von der Bühne kam, nahm ich alle neuen Saiten ab, ersetzte sie durch meine gewohnten dicken Basssaiten und raute sie mit Kolophonium auf, bis der Klang, den ich liebte, wieder da war. Seitdem habe ich mich nicht mehr getraut, einen Fuß in diese Wiener Drehleierwerkstatt zu setzen.

Es ist nicht einfach, diese alten Instrumente zu transportieren oder mit ihnen international auf Tour zu gehen. Sie sind schwer, aber zerbrechlich, und ich habe immer Angst, dass die Fluggesellschaft sie verlieren könnte. (Obwohl wir heutzutage versuchen, unseren ökologischen Fußabdruck so klein wie möglich zu halten und normalerweise den Zug nehmen, kommt man ums Fliegen manchmal nicht herum.) Ich habe oft darüber nachgedacht, sie durch elektronische Klänge zu ersetzen und nichts als eine Festplatte mit meinen Sounds mitzunehmen, um sie auf gemieteten Keyboardtasten zu platzieren. Das wäre praktischer, günstiger und auf jeden Fall besser für meinen Rücken. Vielleicht werde ich das eines Tages auch machen, wenn mir die Anstrengung, hundert Kilo überallhin mitzuschleppen, zu groß wird. Aber jedes Mal, wenn ich meine Drehleier auspacke und das schöne Objekt mit seinen aufwendigen Holzschnitzereien und der altmodischen Kurbel sehe, wenn ich den Duft des Kiefernholzes und des Harzes rieche, während ich die Saiten stimme, verliebe ich mich unweigerlich erneut in das Instrument. Es ist eine schöne Erinnerung daran, wie kostbar hingebungsvolle Handwerkskunst ist. Wenn man sein Leben damit umgibt, entsteht eine fortwährende Quelle an Tiefe, Wärme und Mysterium, die ich niemals verlieren möchte. An sie möchte ich auch andere Menschen gerne erinnern und sie ihnen durch meine Musik näherbringen.

DIE SITAR

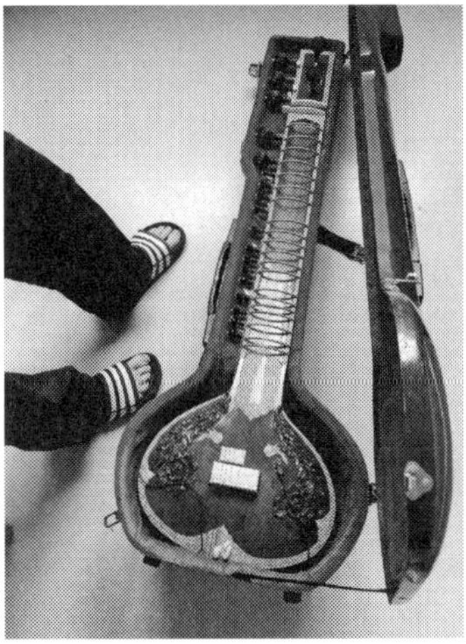

VON PETERLICHT

Es gibt keine Geräte, mit denen ich so intime Beziehungen pflege wie mit meinen Instrumenten. Ich weiß genau, wo sie herkommen, und ich habe mit ihnen schon viel Emotionales erlebt. Zu jedem Instrument weiß ich irgendwelche Geschichten. Es ist ja eigentlich absurd, dass Geräusche, die aus so einem Gerät kommen, einen dermaßen berühren, obwohl das eigentlich nur ein physikalischer Vorgang ist. Aber man ist dabei mit sich und seinen Emotionen noch mal anders verbunden.

Im Jahr 1995 bin ich nach Indien gefahren, einfach weil es das Fernste war, was ich mir vorstellen konnte. In Neu-Delhi war ich auf dem Connaught Place – das ist so alte britische Kolonialpracht, es gibt dort Arkadengänge mit lauter uralten Shops. In einem der Sitar-Läden hing eine Fotografie von den Beatles: ein Schwarz-weiß-Bild, auf dem die vier in genau diesem Laden sitzen und Sitar spielen. Das war für mich die Initialzündung: Hey, das ist meine Berufung hier! Weil ich eben so ein großer Beatles-Fan war und bin, gerade von den Stücken mit Sitar und dem ganzen Spirit, der damit verbunden ist. Aber die Instrumente in Neu-Delhi waren viel zu teuer. Deshalb habe ich ab da immer geguckt: Wo gibt es denn Sitars auf meiner Reise?

Irgendwann bin ich dann nach Varanasi gekommen, in die Heilige Stadt am Ganges; ein irrsinniger Ort, ganz verwinkelt, die Stadt des Todes. Viele Leute kommen dorthin, um zu sterben, überall sitzen alte Männer auf Mäuerchen oder Treppen und warten, dass sie gehen. In Varanasi habe ich einen Sitarspieler kennengelernt, der auch einen Laden hatte. Er hat mir ein bisschen Unterricht gegeben und schließlich ein Instrument verkauft. Meine Sitar hat auf dem Griffbrett immer noch eine kleine Bleistift-Markierung – ich musste sie ja irgendwie von den anderen Instrumenten im Laden unterscheiden, und das war mir die allerliebste. Sie hat am schönsten geklungen, sie hat am meisten resoniert. Ich habe auch noch einen Satz Saiten, den mir der Händler damals in eine Zeitung eingeschlagen hat, eine Ausgabe der *Times of India* vom Januar 1995, Schlagzeile: »One Sabre Rattling«. So habe ich immer noch eine kleine Botschaft aus dieser Zeit.

Ich erinnere mich an einen alten Sitarspieler, den ich in Varanasi gesehen habe. Als Saitenspieler hat man ja immer Hornhaut an den Fingerkuppen, aber dieser Mann hatte eine richtige Einkerbung in seiner Zeigefingerspitze, wie der Pfeil beim Flitzebogen. In diese Kerbe hat genau die Saite einer Sitar reingepasst, weil er sein Leben lang auf diesem Instrument gespielt hat und sich da Hornhaut drum herum gebildet hat. Er musste nur seinen Zeigefinger einhaken, klick, und schon flutschte seine Hand nur so über die Saiten.

An dem Tag, als ich meine Sitar kaufte, gab es einen riesigen Wolkenbruch, einen Monsun. Da herrschte eine apokalyptische Stimmung, weil dieses dreckige, brackige Wasser plötzlich anstieg. In diesen engen indischen Städten geht das relativ schnell: Erst ist das Wasser knöchelhoch, dann kniehoch und dann hüfthoch. Und inmitten dieses Tohuwabohu fand ein religiöses Fest statt, bei dem sie mit ihren Traktoren durchs Wasser gefahren sind, megalaute Musik anhatten, alle waren nass und haben getanzt. Das war, wie wenn man in einem Traum einen Trip hätte.

Die Szene kommt auch in dem Text vor, den ich mal beim Ingeborg-Bachmann-Preis in Klagenfurt gelesen habe – so schließen sich die Kreise:

... und die Straßen verwandeln sich in Schlammwasserkanäle, und ich wate mit der Brust durch die Fluten, und wenn dann die Gullideckel hochgehen, weil das Wasser sie von unten aus der Kanalisation drückt, und man läuft durch die Brackwasserstraßen, undurchdringlich verdreckt und undurchschaubar das Wasser, und man bemerkt eben nicht den Gullideckel, der nicht mehr da ist, und tritt ins Nichts sprich versinkt im Dreckswasser – und so eine Stadt hat ja schon einen ganz schönen Dreck zu bieten, das muß man sagen, und man sinkt also und sinkt und überall nur braunes Dreckswasser voll von Rückständen und Gegenständen der unterschiedlichsten Art, wobei das dann auch leblos gewordene Lebewesen sein können ...

Die Sadhus – die heiligen Männer – werden nach ihrem Tod nämlich nicht verbrannt, sondern eingewickelt, mit Steinen beschwert und dann in den Ganges geworfen. Dort fressen die Fische diese Umwicklung auf, und die Leichen kommen wieder nach oben. Ich war im Morgengrauen am Ganges, und im Dunst treidelte da so eine halb verweste Wasserleiche vorbei, mit nach oben gerecktem Arm.

Meine Sitar hat drei Feinstimmer aus Kamelknochen, und der Steg ist auch aus Knochen, das Material hat genau die richtige Härte und ist so gebogen, dass dieser schnarrende Sound entsteht. Also, von den Assoziationsräumen her ist das ganz schön extrem, das hat alles viel mit Tod zu tun. Da sind Gebeine, die aus dem Fluss kommen – und am Ende entsteht dieser wunderschöne Sound daraus.

Ich finde, wenn man diesen Sound hört, dann kann man sich gar nicht verspannen. Wenn ich auf Tour bin, habe ich für den Bühnenaufbau ganz gern ein Podest. Dann setze ich mich da auf einen Teppich, und dann spiele ich auf meiner Sitar und komme total runter. Jedes Instrument gebiert ja eine bestimmte Haltung:

Beim Gitarrespielen krümmt man sich wie so eine Kreatur um das Instrument rum, und in manchen Bands halten sie die Dinger sogar auf Kniehöhe. Bei der Sitar muss man ein bisschen würdevoll sitzen. Man muss sich so hinsetzen, als würde man mit dem Maharadscha Tee trinken.

Man kann eine Sitar auch nicht mit Schuhen spielen. Der Korpus besteht aus einem getrockneten Kürbis, und der passt perfekt in die Wölbung des linken Fußes. Diesen schwingenden Korpus am nackten Fuß zu spüren ist ein schönes Gefühl. Ich sitze hinter meiner Sitar, ich umschmiege sie, ich wandere mit den Fingern die Bünde rauf und runter, und dann kommt da dieser Klang raus. Das ist fast wie eine Landschaft, die man begeht. Eigentlich ist das ein dreidimensionaler Sound.

Meine Sitar hat insgesamt 21 Saiten, die meisten davon Bordunsaiten, die nur mitschwingen. Man hat also schon vor dem Spielen eine Meditation, indem man das Ding stimmt. Live ist das ein ziemlicher *pain in the ass*, denn wenn die Sitar verstimmt ist, hört sich das so megakacke an, dass genau der gegenteilige Effekt entsteht. Das sind auch alles Holzwirbel, die reagieren nicht überall gleich, man muss da mit viel Gefühl dran herumdrehen. Und dann gibt es eben noch diese Feinstimmer aus Kamelknochen, eine fantastische Technik, die wahrscheinlich noch aus dem Mittelalter stammt: Unten an den Saiten ist ein konischer Knochen, die Saite umfasst ihn, und je weiter du ihn nach oben drückst, desto höher wird der Ton. Als Sitarspieler bist du ja mehr so die Verlängerung der Saite – du bist in jedem Ton, du hängst da drin und machst dann eben den Ton. Das klingt vielleicht ein bisschen esoterisch, aber der Kosmos schwingt in diesem Moment mit. Man muss auch gar nicht viel machen: Da ist die Stimmung, man schlägt die Saiten an, und dann fängt der Ton einfach an aufzublühen.

Das Einschränkende an der Sitar ist, dass der Sound so gelabeled ist. Jeder Sound macht eine bestimmte Welt auf, und bei der Sitar ist man sofort bei »Norwegian Wood« oder bei Ravi Shankar – den ich einmal in Washington live gesehen habe, das war sehr eindrucksvoll. Der beweist eine riesengroße Meisterschaft, und ich dudele da so ein bisschen rum. Auf meiner ersten Platte *Vierzehn Lieder* gibt es diesen Song »Wir sind jung und machen uns Sorgen über unsere Chancen auf dem Arbeitsmarkt«, den habe ich auf der Sitar komponiert und aufgenommen. Für dieses Lied war der Sound perfekt, weil der Text so ein traniges Lamento einer Generation darstellt. Er passt aber nur an wenigen Stellen.

Wir sind jung und wir machen uns
Sorgen, denn später wollen wir uns ja
Auch einmal etwas leisten
Können

Momentan, da geht's ja noch, weil unsere
Ansprüche noch niedrig sind, aber
Später wollen wir uns ja auch mal was
Gönnen können

Denn wir wissen, wenn man sich erst einmal an einen
Lebensstandard gewöhnt hat, dann ist es
Schwierig, später wieder mit weniger
Auszukommen

Damals habe ich eine Performance-Aktion mit Freunden von *Datenstrudel* gemacht: Filmkünstler, Videofilmer und Medienschaffende, von denen auch meine ersten Musikvideos stammen. Wir haben uns mit der Sitar in Köln auf die Straße gesetzt und diesen Text gesungen, wie so Fußgängerzonen-Hare-Krishna-Info-Elite-Kreativschaffende, die jetzt in den Kapitalismus starten und sich eben Sorgen machen. Das muss irgendwann um die Jahrtausendwende gewesen sein, nach meiner Indienreise und vor den Aufnahmen für mein erstes Album.

Als ich damals von Varanasi aus weiter durch das Land gefahren bin, hatte ich immer meine Sitar dabei, egal ob ich mit der Rikscha reiste oder im Flugzeug. Auch heute lasse ich die Sitar, wenn ich unterwegs bin, nie über Nacht im Tourbus, sondern nehme sie immer mit aufs Hotelzimmer. Der Originalkoffer, den ich damals zu dem Instrument dazubekommen habe, ist so eine selbst gezimmerte Kiste aus ganz vielen kleinen Lättchen – die sieht aus wie ein Sarg für einen Schwan oder einen Flamingo. Ich war noch ungefähr einen Monat lang in Indien unterwegs, und die ganze Zeit habe ich außer meinem Rucksack dieses superunförmige Ding mit mir herumgetragen. Einen Schwanensarg aus der Stadt der Toten.

DAS SCHLAGZEUG

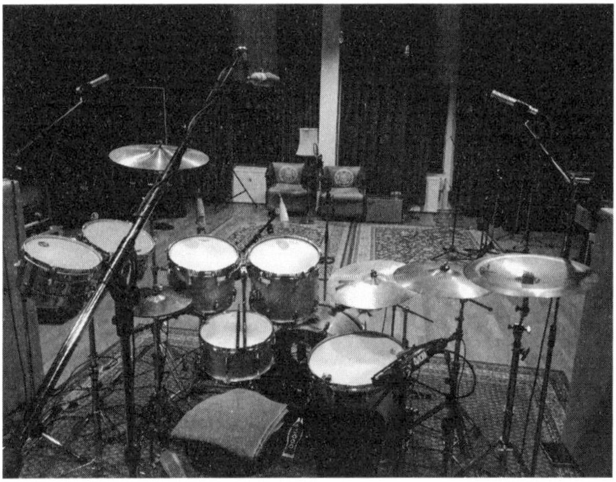

VON BUDGIE

Ich bin mir nie ganz sicher, wann ich angefangen habe, mich mit Rhythmus zu beschäftigen – gewiss aber, bevor ich erstmals einen Trommelstock zur Hand nahm. Als Kind lauschte ich alten Schellackplatten, die meine Familie besaß. Die Nadeln, die über das Acetat glitten, bescherten mir erste Erfahrungen mit aufgenommener Musik. Unter den Aufnahmen befanden sich welche von Künstlerinnen wie Winifred Atwell, einer Pianistin aus Trinidad, die während der Fünfzigerjahre in Großbritannien sehr populär war. Auf ihren Platten gab es kein Schlagzeug, aber viel Rhythmus. Man konnte ihn nicht überhören, ja, Atwell trampelte beim Spielen beinahe mit den Füßen. Ihr Spiel war geprägt von zahlreichen schlagzeugartigen Beats.

Bei uns zu Hause spielte niemand ein Instrument, aber ich entdeckte ein altes, unbesaitetes Banjo. Sein Korpus war aus Rosenholz und mit Naturfell bespannt. Ich wusste, dass man damit Musik machen konnte, aber niemand konnte mir beibringen, wie das ging. Also schabte ich einfach mit den Fingerspitzen über das Fell und erzeugte dadurch Töne. Das Banjo war für mich wie eine kleine Bongo-Trommel. Bis dahin hatte ich nie darüber nachgedacht, Schlagzeug zu spielen, aber das Kalbsfell des Banjos faszinierte mich.

Außerdem sang ich im Schulchor und in der örtlichen Kirche. Ich war besonders geschickt darin, Notenständer aufzubauen. Notenständer sind ein bisschen wie Liegestühle am Strand: Man kann sie auf verschiedenste Weise auffalten, daher gehen sie häufig kaputt. Ich liebte diese Tätigkeit und fühlte mich dadurch wohl auch zum Schlagzeug-Set hingezogen: Ich mochte den Aspekt, dass man etwas zusammenbauen musste. Mein Vater arbeitete mit Holz; er war Schreiner, und ich wollte ihm nacheifern. Wenn ich in der Schule gefragt wurde: »Was möchtest du einmal werden?«, antwortete ich: »Ich würde gern Musikinstrumente bauen.« Denn ich glaubte, einige Erfahrung damit zu haben, weil ich ja meinem Vater bei der Arbeit zusah, mit seinen Beiteln, Hämmern, Nägeln und dem ganzen Leim.

Ich wurde nie dazu gedrängt oder gar gezwungen, ein Instrument zu spielen – aber vielleicht findet das Instrument einfach manchmal selbst seinen Musiker. Rein zufällig wurde ich Mitglied einer Band und spielte dort Schlagzeug. Wir waren drei Jungs, und es ging schlicht darum, wer von uns über welche Fähigkeiten verfügte. Einer nahm gerade Gitarrenunterricht. Der andere war gut auf den Bongos, weil er große Muskeln hatte und sehr schnell war. Allerdings war er am Trommeln nicht sonderlich interessiert, er wollte lieber singen, also bekam ich die Bongos und später eine einzelne Snare Drum. Erst mit etwa dreizehn Jahren erhielt ich ein richtiges Schlagzeug-Set: ein Mischmasch aus der Serie Red Sparkle von Olympic, das ich dauernd polierte. Das veränderte alles.

Eines Samstagabends war ich allein zu Hause und verfolgte fasziniert im Fernsehen das Oscar Peterson Trio. Louie Bellson saß an einem großen, weißen, mit zwei Bass Drums ausgestatteten Schlagzeug-Set von Slingerland, das sich während des Spielens bewegte. Mich beeindruckte die schiere körperliche Bewegung, sein Spiel strahlte kinetische Energie aus. Für mich war das ein Augenblick der Erleuchtung – nicht wegen Bellsons Schlagzeugtechnik, sondern aufgrund der Art und Weise, wie er sein Spiel nach außen hin wirken ließ. In dieser Hinsicht dürfte er ein guter Lehrmeister für mich gewesen sein. Obwohl ich selbst nie zwei Basstrommeln hatte, im frühen Punk galt das nicht gerade als cool – zwei Bass Drums waren was für Rocker.

Mitch Mitchell von The Jimi Hendrix Experience war ein weiterer Schlagzeuger, den ich mochte. 1968 klang das Trio aus Jimi Hendrix, Noel Redding und Mitch Mitchell in meinen Ohren wie der Ozean. Damals kam mir zum ersten Mal diese Analogie in den Sinn: Hendrix' Gitarre ist die Oberfläche des Meeres, Reddings Bass das Rumoren in der Tiefe und Mitchells Schlagzeug das gezeitenhafte Kommen und Gehen des Wassers oder das knirschende Geräusch der Kieselsteine am Strand. Wenn Hendrix den Downbeat spielt, setzt Mitch Mitchell ein und umspielt den Beat wie wechselnde Wellen. Vielleicht beruht darauf die Langlebigkeit dieser Musik: Sie klingt universell; und obendrein ist sie fantastisch und extrem kreativ gespielt.

1978 schloss ich mich The Slits an, nachdem deren ursprüngliche Schlagzeugerin Paloma »Palmolive« Romero die Band verlassen hatte. Palmolive war am Schlagzeug wie ein wildes Tier – fast wie das »Animal« aus der Muppet Show. Bei ihr drehte sich alles um den Körpereinsatz. 1979 wurde ich dann, nachdem der Schlagzeuger Kenny Morris und der Gitarrist John McKay ausgestiegen waren, Mitglied der Gruppe Siouxsie and the Banshees. Wenn Kenny spielte, glich er einer Gliederpuppe in der Hand eines Marionettenspielers – alles fand weit über dem Schlagzeug statt. Seine Füße holten weit aus, bevor er die Bass Drum spielte, seine Arme wirbelten durch die Luft – das war wie eine Ballettaufführung. Zudem klang das Schlagzeug anders, als ich es je in einer Aufnahme gehört hatte. Der Sound der Bass Drum war nicht so *heavy* wie etwa bei John Bonham von Led Zeppelin. Als ich Kennys Schlagzeug-Parts übernahm, fand ich mich in dieser Art zu spielen sofort wieder.

Zugleich versuchte ich, meinen eigenen Sound zu entwickeln, schließlich war ich bislang immer in die Fußstapfen anderer Drummer getreten. An diesem Punkt kamen mehrere wichtige Dinge zusammen. Zum einen spielte Steven Severin, der Bassist von Siouxsie and the Banshees, meist Bassläufe, die an Gesangsmelodien erinnerten – in dieser Hinsicht war er ein Vorläufer eines anderen Bassisten jener Zeit, Peter Hook von New Order. Wenn man sich beispielsweise ein Stück wie »Head Cut« vom Album *Juju* anhört: Da spielt der Bass in einer hohen Lage das Grundmotiv, und die Gitarre spielt unisono mit. Das bedeutet, dass der Bass in dem unteren Frequenzspektrum, wo er normalerweise zu Hause ist, nicht vorkommt – die Floor Tom und die Bass Drum haben dort dadurch viel Raum.

Außerdem verwende ich die Hi-Hat nicht in der traditionellen Weise, sondern akzentuiere damit nur die Gesangslinien. Anstatt also auf dem Becken zu *riden* (das heißt, Achtel- oder Sechzehntelnoten zu spielen), wodurch ich der Gesangsstimme ins Gehege kommen würde, spiele ich den Ride-Rhythmus auf dem Floor Tom, das irgendwo um das tiefe C herum gestimmt ist. Natürlich hatten viele unserer Songs ein E als Grundton – aber mir wurde klar, dass gerade Dissonanzen interessant sein können. Diese drei Aspekte sind also kennzeichnend für meine Art, Schlagzeug zu spielen – und je schneller und geübter ich wurde, desto besser konnte ich auf dem Schlagzeug auch noch andere bizarre Dinge veranstalten. Vieles davon ist einfach eine Frage der Muskelleistung; hinzu kommen eine autodidaktisch erworbene Technik sowie eine gehörige Portion Draufgängertum.

Der erste Beat, den ich für Siouxsie and the Banshees geschrieben habe, entstand für die Single »Happy House«. Ich musste bei der Aufnahme eine einfache Methode finden, um den hämmernden Beat auf dem Floor Tom zu spielen, also positionierte ich ihn zwischen meinen Beinen, wo gewöhnlich die Snare Drum steht. Diese wiederum brachte ich links von der Hi-Hat an. Als ich schließlich mit diesem Set-up die Snare spielte, kam ich versehentlich mit dem Schlagzeugstock gegen die Hi-Hat – und voilà: Ein merkwürdiger Beat war geboren. Im Video zu dem Song – meinem ersten mit der Band – war ich noch immer ein wenig kamerascheu. An einer Stelle spiele ich einen Fill auf der Snare Drum, und im Video bearbeite ich an dieser Stelle eine Spielzeugtrommel mit winzigen Schlagzeugstöcken. Wenn ich das Video heute anschaue, muss ich immer an den Duracell-Hasen denken: Ich habe einen ziemlich unvorteilhaften Gesichtsausdruck. Aber ich finde, er passt ganz gut zum Charakter des Songs.

Ich hatte schon viele verschiedene Schlagzeug-Sets, aber ich komme regelmäßig zu dem von Gretsch zurück: dem einzigen, das ich selbst, zu Beginn der Achtzigerjahre, aus separat gekauften Trommeln zusammengebaut habe. Es besteht aus drei Toms zu 12, 15 und 18 Zoll – das heißt, es sind ziemlich große Dinger. Es handelte sich lediglich um die Kessel, ohne Halterung oder Bohrlöcher. Da ich damals gerade meinen eigenen, offenen Sound entwickelte, mussten wir sämtliche Halterungen entfernen, in welche die Stimmschrauben eingeführt werden – aber ohne Dämpfung klirrten und klapperten die Toms wie ein Vogelkäfig. Deshalb füllten wir alle Halterungen mit Styropor oder Küchenschwämmen aus und befestigten sie dann erneut. Dadurch sollte ein reiner Klang entstehen: Jeder störende Einfluss auf den Kessel und seine Resonanz sollte vermieden werden.

Abgesehen davon merkte ich, dass ich den federnden Rückschlag der Trommelfelle spüren wollte. Ich habe einmal ein Buch über die Grundlagen des Schlagzeugspiels gelesen. Darin wurden die Arm- und Handbewegungen so beschrieben, als würde man »Wasser von den Fingern abschütteln«. Ich fragte mich: Wie schlägt man auf eine Trommel, als würde man Wasser von den Fingern abschütteln? Aber dann wurde mir klar, dass es eigentlich um die Bewegung geht, die von der Trommel an den Schlagzeuger zurückgegeben wird. In vielerlei Hinsicht ist es eine Bewegung, die gar nicht den Sound beeinflusst, sondern nur die Art, wie man spielt. Ähnlich wie bei einem Jongleur mit Bällen oder Tellern besteht die Aufgabe darin, die Dinge in Bewegung zu halten, den gleichmäßigen Ablauf ebenso zu gewährleisten wie die Klangdichte. Man möchte den Eindruck von Raum zwischen den Schlägen vermitteln – aber natürlich ohne die Bälle oder Teller herunterfallen zu lassen. Alles dreht sich, wie Miles Davis sagte, um die Räume zwischen den Tönen.

Eine weitere erwähnenswerte Ergänzung zu meinem Schlagzeug-Set bildete der sogenannte Ching Ring. Das ist ein kleines Tamburin ohne Fell. Es befand sich oberhalb der Hi-Hat und ließ jedes Mal, wenn ich den linken Fuß bewegte, ein kleines Tamburinscheppern ertönen. Wenn ich eine »nüchterne« Hi-Hat wollte, musste ich den Ching Ring abnehmen. Außerdem fügte ich zwei lateinamerikanische *Timbales* oder Zylindertrommeln hinzu. Sie waren in höchster Tonlage gestimmt, eine Oktave höher als das Floor Tom. Diesen Oktav-Effekt kann man zum Beispiel in dem Song »Turn it On« der Gruppe The Creatures hören. Bei den Aufnahmen mit den Creatures hatte ich tatsächlich alle erdenklichen Freiräume, um meine Vorstellung von den Trommeln als Melodieinstrumenten weiter auszuarbeiten.

Ich kenne mein Schlagzeug sehr genau; ich bin eng vertraut mit den Trommeln und weiß um die Schäden, die ihnen zugefügt wurden. Es gab einmal einen Zwischenfall in Bilbao, als das Publikum auf die Idee kam, eine Zugabe zu verlangen. Aber wir hatten keine Zeit, jedenfalls gingen wir nicht zurück auf die Bühne, was die Leute derart in Rage brachte, dass sie Gegenstände auf die Bühne warfen: Kleidungsstücke, Poster, Bierflaschen. Eine Flasche war noch ungeöffnet, sauste über die Menge hinweg und traf mein mittleres Hängetom. Sie durchschlug den Kessel, zerbrach und entleerte ihre Flüssigkeit im Innern. Später sahen wir, wie sie aus der Trommel herausragte; sie hing einfach da. Das war eine ziemliche Sauerei – aber weil wir auf Tour waren, verklebten wir das Loch mit Gaffa-Tape.

Nach unserer Rückkehr fand Lloyd Ryan in London, der Trommeln baute, das entsprechende Ahornholz und die richtige Laminatdicke, um den Kessel zu flicken. Deswegen habe ich jetzt ein kleines Quadrat auf meinem Tom – man könnte es mit den helleren Quadraten an der Fassade des Berliner Reichstags vergleichen, die allenthalben auf die neu eingesetzten Steine hindeuten. Als ich das Gebäude zum ersten Mal sah, stellte ich mir vor, es sei mit Heftpflastern bedeckt. Jedes davon erzählt eine Geschichte.

Mit meiner Band The Creatures, einem Duo mit Siouxsie Sioux als Sängerin, war das Tuning entscheidend, denn oft war das Schlagzeug alleinig für die Melodie verantwortlich oder unterstützte den Gesang. Die Töne für die Trommeln probierte ich meist zuerst auf der Marimba aus. Marimbas sind oft ein bisschen zu hoch oder zu tief gestimmt, sie sind fast nie ganz sauber. Wenn man ein solches Instrument mietet, findet man gewöhnlich Reste von Klebemasse unter den Klangstäben, um die Tonhöhe ein wenig abzusenken oder den Stäben etwas mehr Gewicht zu verleihen. Aber darum habe ich mich nie gekümmert, es ging mir nur um Näherungswerte: Ich wollte der Marimba einfach ihren typischen Klang entlocken. Also installierten wir Mikrofone in den Resonanzröhren, um ihn ein bisschen zu verzerren. Es war, als würde man seinen Kopf in das Instrument stecken. Auch mein Schlagzeug-Set von Gretsch kam in dieser Phase bestens zur Geltung. Es wurde, jedenfalls aus meiner Sicht, zum Star – neben dem Star am Mikrofon natürlich.

Das erste Album der Creatures mit dem Titel *Feast* nahmen wir in Hawaii auf. Es war sehr heiß und feucht – so feucht, dass aus dem Holz der Marimba fast neue Triebe sprossen. Bei der Aufnahme des Stücks »A Strutting Rooster« beschloss das mittlere Hängetom, sich während eines meiner Trommelwirbel zu verstimmen. Also schlug ich weiter darauf ein, weil ich mich ärgerte, ich schlug und schlug – worauf es plötzlich in einer anderen Tonlage landete und dort hängen blieb ... Also dachte ich: Okay, wir können wieder von vorne anfangen. Tatsächlich aber war genau *das* der Take, den wir behielten. Wir spielten also ein leichtes Ritardando – dann etwas Crescendo und dann – wie immer die italienische Bezeichnung für den Satz »Machen wir da weiter, wo wir aufgehört haben!« lauten würde: *Resumato?* Wie auch immer: Solche Momente können nur entstehen, wenn man formal flexibel und das Songwriting sehr spontan ist.

Der glückliche Zufall, an dem man festhält: Ich glaube, so etwas geschieht in der Musik andauernd. Ein Beispiel dafür ist der Song »Peek-a-Boo« auf dem Album *Peepshow* von Siouxsie and the Banshees. Er basiert auf der Aufnahme eines Bläsersatzes, den wir falsch herum abspielten: Wir drehten das Tonband um, um der Singstimme einen Reverse-Halleffekt zu verleihen, darum lief alles rückwärts. Das war der Ausgangspunkt für diesen Song. Unser Keyboarder Martin McCarrick hatte ein Akkordeon und spielte darauf eine beschwingte, keltisch klingende Weise, die gut zu den Blechbläsern passte. Soweit ich mich erinnere, diente uns eine Kuhglocke als Trigger für die Bass Drum. Folglich handelte es sich um eine Ansammlung verschiedener Elemente, die wieder und wieder anders zusammengesetzt wurden, um das gewünschte Ergebnis zu erzielen. Das Schlagzeugspiel nahm ich in einem Raum aus nacktem Beton auf, der eigentlich dazu gedacht war, Halleffekte aufzuzeichnen. Darin herrschte eine solche Lautstärke, dass ich sogar mit Kopfhörern erste Symptome von Tinnitus verspürte. Aber der Klang war großartig! Nur in dieser speziellen Umgebung konnte ich das Stück spielen – auf einer gewöhnlichen Bühne wäre das kaum möglich gewesen. Es war dieser unglaubliche Krach, der mir dieses Gefühl gab und mich in meinem Tun leitete. Und alles beruhte auf einem glücklichen Zufall: einer Fügung des Schicksals.

Nach Jahrzehnten des Trommelns treten bestimmte Leiden auf. Meine Hände haben die Zeit einigermaßen gut überstanden. Seit ein paar Jahren trage ich diese sehr dünnen Handschuhe von der Firma Zildijan, die mich auch mit Schlagzeug-Becken versorgt. Na ja, sie stellen mir die Handschuhe nicht zur Verfügung – ich muss sie mir selbst kaufen. Am meisten macht mir wohl der untere Rücken zu schaffen. Das kommt von der Art, wie ich spiele: Meine Zehen sind auf dem Pedal, aber meine Ferse ruht nicht am Boden, deshalb kommt die ganze Bewegung aus dem Hüftgelenk; das geht auf das Steißbein. Auch die ständigen Bewegungen über das Schlagzeug hinweg erfordern hohen Körpereinsatz – das ist, als würde man sich weit nach vorne beugen, um ein Buch aus dem Regal zu nehmen. Das kann man über Jahre hinweg machen, aber eines Tages schreit man plötzlich: Aaah! Ab einem gewissen Alter geschieht das immer öfter.

Manchmal frage ich mich, ob mein Tinnitus tatsächlich durch das Trommeln selbst verursacht wurde oder doch eher durch schlechten Bühnensound. Wenn man einen Raum betritt, in dem jemand Schlagzeug spielt, empfindet man das als extrem laut. Aber unser Gehör passt sich an, wir verschließen unsere Ohren. Das findet alles im Gehirn statt: Für den Schlagzeuger selbst klingt das Schlagzeug nicht laut. Ich weiß durchaus, dass es in dem kleinen Trommelraum, wo ich übe, von den Frequenzen her zu laut ist und ich Gehörschutz tragen sollte. Aber ich mag das Gefühl, das die Lautstärke in mir hervorruft: Sie veranlasst mich, anders zu spielen.

Becken sind tödlich: Sie können dem Gehör großen Schaden zufügen. In den letzten zehn Jahren oder so gab es diesen Trend, auf dem Rand eines Crash-Beckens die Achtelnoten zu spielen, was einfach nur Misstöne erzeugt. Damit wird der eigentliche Zweck eines Beckens ad absurdum geführt. Denn wenn man das Becken anschlägt, muss sich der Ton erst einmal entfalten können, um dann zu verklingen – wenn man es ein zweites Mal anschlägt, bringt man den Ton zum Verstummen. Wenn ich spiele, benutze ich immer weniger Becken. Ich möchte keine

Achtelnoten auf dem Ride-Becken hören, wenn sie nicht wirklich notwendig sind. Es ist nicht meine Aufgabe, die Zeit zu zählen, sondern eine unterstützende Rolle einzunehmen. Es geht nicht darum, den Takt zu halten, sondern Musik zu spielen. Ich bin eher ein melodischer Perkussionist als ein Schlagzeuger, der bestimmte standardisierte Muster bedient.

Das Vorbild für meinen Sound ist nach wie vor der Film *Zulu*, in dem Michael Caine einen britischen Offizier spielt. Er ist umringt von 4000 Zulu-Kriegern, die ihn töten wollen – aber letzten Endes ziehen sie davon und würdigen ihn als ebenbürtigen Krieger. Sie zollen ihm Respekt, indem sie wie aus einer Kehle einen ohrenbetäubenden Schrei ausstoßen und mit den Speeren gegen ihre Schilde hämmern, und der leicht versetzte Doppelschlag, den sie dabei erzeugen, breitet sich aus wie eine Welle. Als ich das hörte, dachte ich: Das ist der Schlagzeugsound, den ich auch erzeugen möchte! Er soll klingen, als würden so viele Menschen wie möglich einen sehr einfachen Beat spielen.

DIE TROMPETE

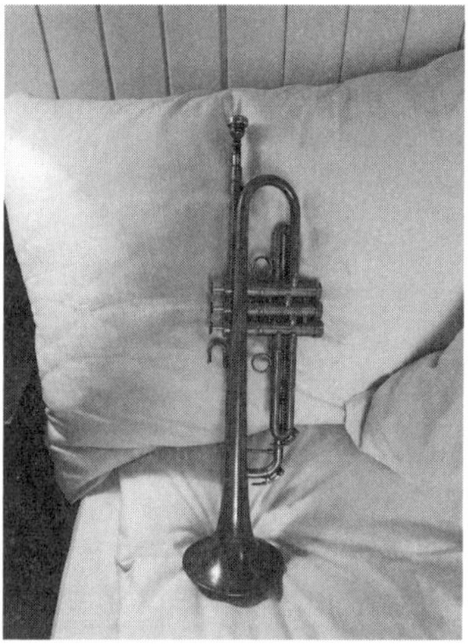

VON NILS PETTER MOLVÆR

Ich stamme aus Sula, das ist eine Insel vor der norwegischen Küste. Das Dorf, in dem ich aufgewachsen bin, ist ziemlich klein, aber viele Musiker kommen von dort, vor allem Blechbläser. Auch mein Vater war Musiker, er spielte Saxofon und Klarinette. Er war lange in einem New-Orleans-Jazz-Ensemble, einmal wurde er damit sogar für einen Auftritt nach Louisiana eingeladen. Mein Vater ist Ehrenbürger von New Orleans. Von ihm und meiner Mutter einmal abgesehen, waren viele Menschen in unserem Dorf sehr religiös. Sie gehörten zur *Pinzeven*-Bewegung, einer Pfingstkirche: Manchmal redeten sie in Zungen und taten, als könnten sie Aramäisch sprechen – solche Sachen. Als Kind fand ich das ziemlich faszinierend, weil die Leute vollkommen abgehen, wenn sie in diesem Zustand sind.

Als ich drei oder vier Jahre alt war, bekam ich ein altes Grammofon geschenkt, außerdem zwei 78er-Schallplatten: eine von Louis Armstrong und eine von Billie Holiday. Die Billie-Holiday-Platte gefiel mir besser, und bevor ich auch nur ein Wort Englisch sprechen konnte, sang ich schon zu der Aufnahme mit: »Summertime / When the living is easy …« Meine Familie führte mich manchmal vor wie ein Zirkusäffchen: »Okay, Nils Petter«, sagten sie, »sing doch mal ›Summertime‹!« Bis zum heutigen Tag liebe ich weibliche Stimmen: Joni Mitchell, Shirley Horn, Sidsel Endresen, Billie Eilish – um nur ein paar Sängerinnen zu nennen. Aber damals beschloss ich: Wenn ich mal ein Instrument lerne, dann will ich Trompete spielen!

Weil ich eben auch noch diese andere Platte von Louis Armstrong hatte.

Zunächst habe ich in Marschkapellen gespielt, wie so ziemlich alle Leute in Norwegen. Ich habe nicht viel geübt, ich machte lieber Sport: Leichtathletik, Fußball, Skispringen. Ich fing außerdem an, mich für Rockmusik zu interessieren, und lernte verschiedene Instrumente, ein bisschen von allem: Ich spielte Schlagzeug, Bass, Gitarre, Flöte – und natürlich Trompete. Noch vor meinem Abschluss schmiss ich die Schule, und als ich siebzehn Jahre alt war, hatte ich schon in allen möglichen Jobs gearbeitet: in einem Steinbruch, in einer Fischölfabrik und schließlich als Maurer. Mein Trompetenlehrer war hauptberuflicher Maurer, und ich war sein Lehrling. Aber eines Tages – wir bauten gerade ein Schwimmbad für irgendeinen reichen Typen – sagte ich plötzlich: Ich will das hier nicht mehr machen. Ich will Musiker werden!

Also habe ich mich an der Toneheim-Hochschule in Hamar angemeldet und dort zwei Jahre lang studiert. Das waren vielleicht meine wichtigsten Jahre als Trompeter. Ich hatte einen sehr netten Lehrer, Ole Egil Torp, und einen guten Freund namens Geir Lauvås, mit dem ich jeden Tag stundenlang geübt habe. Wir orientierten uns dabei an einem Konzept des amerikanischen Trompetenpädagogen James Stamp. Danach bewarb ich mich am Musikkonservatorium in Trondheim. Ich studierte klassische Trompete, merkte aber schnell, dass das, vorsichtig ausgedrückt, nicht wirklich mein Ding war. Zum Glück bekam ich nach einem Jahr das Angebot, nach Oslo zu gehen und bei einem Theaterstück für Kinder mitzuwirken. Ich spielte eine Eule – mit rosa Strumpfhosen, Ballettschuhen und Make-up. Das hat riesigen Spaß gemacht.

Ich blieb in Oslo und wurde schließlich Mitglied der Gruppe Masqualero, mit Arild Andersen am Bass, Jon Christensen am Schlagzeug, Tore Brunborg am Saxofon und Jon Balke am

Klavier. Mit dieser Band habe ich viele, viele Jahre lang gespielt, aber gegen Ende hatte ich die Trompete satt: Ich hatte das Gefühl, dass ich mit dem Instrument einfach nicht weiterkam. Also fing ich an, mich mit anderen Blasinstrumenten wie der Duduk, der Nay-Flöte oder der Shakuhachi-Flöte zu beschäftigen. Und ich hörte zum ersten Mal, wie Jon Hassel indische Ragas auf der Trompete spielte – und da wurde mir klar, dass ich einen Sound finden musste, der näher an meiner Persönlichkeit war. Ich wollte kein Virtuose mehr sein; wahrscheinlich war ich das auch nie. Auf jeden Fall wurde es mir immer wichtiger, über Klang nachzudenken. Darüber, wie ich meinen Mitspielern mehr Raum lassen und die Trompete mehr wie eine menschliche Stimme klingen lassen kann. Meine eigene Stimme.

Ich habe auch mit dem legendären norwegischen Folk-Sänger Sondre Bratland zusammengearbeitet. Wir haben in einer tausend Jahre alten norwegischen Stabkirche Aufnahmen gemacht, also musste ich ganz leise spielen – und ich habe gemerkt, dass diese Art zu spielen viel eher meiner Persönlichkeit entspricht. Ich lese gern Gedichte, und da gibt es ein ganz ähnliches Phänomen: Wenn man ein Gedicht mit zu viel Pathos vorträgt, kann es seine Bedeutung verlieren. Das ist es also, was mich seither beschäftigt und woran ich mich vermutlich bis an mein Lebensende abarbeiten werde: Ich versuche, genauer im Ausdruck zu werden und herauszufinden, was meine eigene Stimme ist. Das bedeutet die Trompete für mich.

Wenn ich anfange zu spielen, höre ich auf zu denken. Ich nehme mir nicht vor, durch die Trompete mein innerstes Wesen nach außen zu kehren oder so etwas – ich versuche einfach, ich selbst zu sein. Wenn ich zu viel darüber nachdenke, wird der Klang artifiziell. Ich versuche daher, innerlich leer zu werden, mich zu öffnen, zuzuhören, mit den anderen Musikern zu interagieren. Das ist wie eine Meditation: Man muss ganz in der Sache aufgehen – analysieren kann man sie erst hinterher. Vielleicht offenbart sich letzten Endes also doch so etwas wie das wahre Wesen, wenn man musiziert.

Vor ein paar Jahren bin ich schwer an Corona erkrankt. Als ich danach zum ersten Mal wieder ins Studio ging, konnte ich zunächst nur ganz lange Noten spielen. Ich füllte einfach meine Lungen mit Luft, ließ sie herausströmen und konzentrierte mich auf diesen Prozess. Man muss sich locker machen, die Atmung frei zirkulieren lassen, die Zwerchfellspannung halten – alles auf einmal. Das ist eine Art von innerer Katharsis: Man reinigt seinen Geist und verscheucht alle Gedanken, die einen ablenken könnten.

Mittlerweile ist es so: Wenn ich bei Live-Auftritten merke, dass meine Lunge zu verkrampfen beginnt, mache ich einfach Pause. Nach dem Konzert kommen immer wieder Leute zu mir und sagen: Du lässt inzwischen ja viel mehr Raum! Aber das ist nur der körperlichen Notwendigkeit geschuldet: Ich atme ein bisschen durch, lasse die anderen Musiker ihr Ding machen, dann spiele ich wieder. Das Wichtigste ist der kreative Austausch.

Insgesamt habe ich drei verschiedene Trompeten. Eine Es-Trompete, die einen sehr hellen Klang hat – die verwende ich aber eher selten. Eine Yamaha-Trompete, die sehr leicht spielbar ist. Und zu guter Letzt eine handgefertigte Trompete aus England, eine Leigh McKinney Eclipse – ein Modell, das vor allem von klassischen Musikern gespielt wird. Sie hat einen dunkleren Klang und mehr Körper als meine anderen Trompeten. Sie ist außerdem ziemlich schwer. Diese Trompete benutze ich zum Beispiel, wenn ich mein Album *Khmer* aufführe. Im Gegensatz zu einem Saiteninstrument aus Holz, das im Laufe der Jahre in der Regel immer besser wird, geht ein Blechblasinstrument irgendwann einfach kaputt – letzten Endes ist es eben doch nur ein Stück zusammengeschweißtes Metall. Bei einem Auftritt ist mir das einmal passiert, ich dachte noch: Mensch, ist meine Trompete heute schwer zu spielen – und stand plötzlich mit zwei separaten Metallstücken in der Hand da. Die Nähte der Trompete waren auseinandergegangen. Über die Jahre müssen mir fünf oder sechs Trompeten so unter den Händen »weggestorben« sein – aber ich habe deswegen keinen Friedhof hinter dem Haus, wo ich sie bestatte. So innig ist die Beziehung dann doch wieder nicht. Für mich ist die Trompete ein Werkzeug; es ist ein Stück Metall, in das ich Luft hineinblase.

Trompete zu spielen ist natürlich eine körperlich anstrengende Tätigkeit, und sie hinterlässt ihre Spuren. Meine rechte Schulter ist kaputt, weil ich mich beim Spielen oft nach vorne beuge und mit dem rechten Fuß das elektronische Effekt-Pedal bediene. Wegen dieser Spielhaltung ist auch meine Hüfte ein bisschen verdreht, und ich habe Probleme im unteren Rücken. Kürzlich hatte ich einen Auftritt in der Rockefeller Music Hall in Oslo. Vor dem Konzert musste ich mir vom Arzt eine Spritze geben lassen. Aber wenn man dann vor Publikum auf der Bühne steht, ist das alles vergessen. Das Adrenalin schießt durch den Körper und stillt die Schmerzen. Zumindest bis nach der Show.

Mein Vater ist jetzt dreiundachtzig Jahre alt und hat Alzheimer. Er kann nicht mehr sprechen und sich an nichts mehr erinnern – aber er kann immer noch Saxofon und Klarinette spielen. Wenn man zu ihm sagt: »Spiel doch mal einen Jazz-Standard! Spiel ›Misty‹!«, dann ist er dazu immer noch in der Lage. Er improvisiert auch noch, zusammen mit seinem Bruder am Keyboard. Dieser Bereich seines Gehirns ist also offensichtlich weiterhin intakt. Ich finde das extrem merkwürdig – und ich finde auch, dass mein Vater in seinem ganzen Leben nie besser gespielt hat als jetzt. Ich glaube, das liegt daran, dass er nicht versucht, mehr Ausdruck in die Musik zu legen, als sie tatsächlich erfordert. Sein Spiel ist jetzt auf das Wesentliche reduziert; er spielt nur noch, was wirklich wichtig ist. Genau das möchte ich auch auf der Trompete erreichen. Aber ohne vorher Alzheimer zu bekommen.

DAS SAXOFON

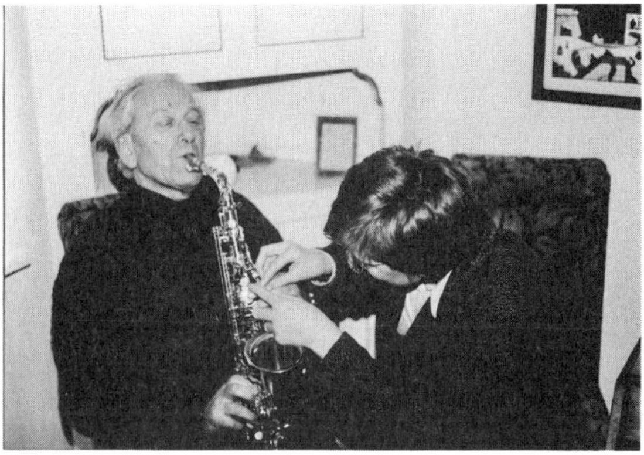

VON BENJAMIN KOPPEL

Als ich zwölf Jahre alt war, musste ich zum ersten Mal richtig arbeiten. Ich hatte ein einwöchiges Praktikum zu absolvieren, wie es in meiner Klassenstufe vorgesehen war, und mein Vater Anders vermittelte mir einen Platz im Schallplattengeschäft »Rille Dille« im Zentrum von Kopenhagen. Es war ein großer Eckladen mit einem exzellenten klassischen Musiksortiment. In einem Nebenraum gab es eine kleinere Jazzabteilung voller Regale mit verstaubten LPs.

Zuerst musste ich im Lager Vinylplatten in alphabetischer Reihenfolge sortieren, staubsaugen, Pappkartons zusammenfalten und Preisschilder aufkleben. Aber schon bald durfte ich im Laden arbeiten und an der Kasse stehen, weil Jan (oder hieß er anders?), der normalerweise kassierte, krank geworden war. Plötzlich musste ich also die Kasse bedienen, Fragen beantworten, Geld entgegennehmen und Wechselgeld herausgeben. Aber derjenige, der an der Kasse stand, bediente auch den Plattenspieler. Er entschied, welche Musik im Laden gespielt wurde. Und nun war derjenige ich.

Der Pianist Vladimir Horowitz hatte im Frühjahr 1986, mehr als sechzig Jahre nachdem er die Sowjetunion verlassen hatte, sein erstes Konzert in Moskau gegeben – ein legendäres Ereignis, das international Aufsehen erregte. Die Aufnahme dieses Konzerts war eine der Platten, die ich in diesen Jahren am meisten verkaufte. Eine andere war eine Studioaufnahme von Rodgers & Hammersteins Musical *South Pacific*. Die Kundschaft hatte einen recht breiten Geschmack. Ich fand es großartig, hörte sehr viel Musik, studierte verschiedene Einspielungen derselben Beethoven-Sinfonie und von Rachmaninows Klavierkonzerten und tauchte in Alban Bergs und Francis Poulencs Kammermusik ein. Und das Allerbeste: Ich bekam meinen Lohn in Schallplatten ausbezahlt – eine LP für jede Stunde, die ich im Laden arbeitete. Das war die beinahe beste Vereinbarung, die ein musikbesessener Teenager sich nur wünschen konnte.

Natürlich übernahm ich so viele Schichten wie möglich. Und meine klassische Plattensammlung wuchs. Als Jan (oder hieß er doch Karl?) zurückkam, fürchtete ich, meinen Platz zu verlieren. Doch Peter, der Inhaber des Geschäfts, übergab mir, sooft ich wollte, die Verantwortung für die Jazzabteilung. Also fuhr ich jeden Tag nach der Schule mit dem Zug in die Innenstadt, um möglichst viele Jazzplatten zu verkaufen. Nun begann auch meine Jazzsammlung zu wachsen. Die dicken Pappcover waren magisch, jede Rille der schweren Vinylplatten enthielt Töne, Klänge und Rhythmen, die mich verzauberten, egal ob sie in den Roaring Twenties eingespielt worden waren, aus den stilvollen Fünfzigerjahren des Cool Jazz und Neo-Bop stammten oder der künstlerischen Begegnung der Sechzigerjahre zwischen elektrifiziertem Rock und virtuosen Jazz-Improvisationen entsprangen. Die LPs wurden mein Zugang zur einzigartigen Geschichte des Jazz; Louis Armstrong, Duke Ellington, Sonny Rollins und Miles Davis gehörten plötzlich zu meinen allerbesten Freunden. Vor allem war ich von den Covern der Prestige-Records-Platten fasziniert, die hin und wieder eine gezeichnete Vorderseite hatten. Die Illustrationen stammten unter anderem von Don Martin, an den sich der eine oder andere vielleicht noch als Zeichner der Satirezeitschrift *Mad* erinnert, den ich aber als Illustrator von Plattencovern für Miles, Rollins und Thelonious Monk kennenlernte.

Seit ich fünf Jahre alt war, spielte ich Schlagzeug. Nach einer

Phase, in der ich auf einem provisorischen Schlagzeug aus den im Haushalt vorhandenen Töpfen, Pfannen und Topfdeckeln gespielt und dabei gleich mehrere Kochlöffel zerbrochen hatte, schickten meine Eltern mich zu einem richtigen Schlagzeuglehrer und schenkten mir ein richtiges Kinderschlagzeug mit richtigen Sticks. Mein Lehrer hieß Karst Smit. Er war gebürtiger Niederländer und ein phänomenaler Lehrer, den ich einmal in der Woche in seinem kleinen Trommelschuppen besuchte, der an dem schon damals ausgesprochen verkehrsreichen Roskildevej lag. Erfolglos versuchte er, den Verkehrslärm mit in Reihen aufgehängten Eierkartons zu dämpfen.

Ich habe auch immer gern gesungen. Wenn ich von der Schule nach Hause kam, sang ich den ganzen Weg – bis zu dem Hof, auf dem wir wohnten, ja, bis ich in meinem Zimmer angelangt war. Meine Eltern hörten mich schon von Weitem, wenn ich lauthals »Jeg drømte om en jord« (»Ich träumte von einem Fleckchen Erde«), ein Lied meines Vaters, schmetterte. Schon bald komponierte mein Vater Lieder, die wir gemeinsam in seinem Heimstudio einspielten: Er spielte sämtliche Instrumente, meine ältere Schwester und ich sangen.

Mit neun Jahren lernte ich von meinem Großvater, Klavier zu spielen. Ich nannte ihn »Futter«, sein richtiger Name war aber Herman D. Koppel. Er war klassischer Pianist und Komponist, Professor am Konservatorium und im Übrigen ein Schüler des dänischen Nationalkomponisten Carl Nielsen. Mit anderen Worten, ich hatte bereits eine Menge mit Musik zu tun, als ich in dem magischen Plattenladen die erste richtige Arbeit meines Lebens bekam. Und im Übrigen auch die *einzige* richtige Arbeit meines Lebens.

Als ich zwölf Jahre alt war, sah – und hörte – ich im Fernsehen ein Konzert der amerikanischen Soul-Funk-Band Tower of Power, in dem der amerikanischen Saxofonist Richard Elliot ohne Vorwarnung ein fünf- oder sechsminütiges unbegleitetes

Saxofonsolo spielte. Es erwischte mich eiskalt. Ich war fortan vollkommen besessen von diesem Instrument, in dem so viel Power und Soul, Cry und Präsenz steckten, und quälte meine Eltern den ganzen Sommer mit dem Wunsch, Saxofon spielen zu dürfen. Wie immer, wenn ich oder meine beiden Schwestern von etwas begeistert waren, schickten sie uns zu einem Lehrer der Kopenhagener Musikschule, wo ich mir ein Yamaha-Altsaxofon, Schulmodell YAS-23, ausleihen durfte. Die Neugierde sollte mit richtigem Unterricht unterfüttert werden, damit ich eine vernünftige Grundlage hatte, um mich für oder gegen das Instrument zu entscheiden.

In der ersten Unterrichtsstunde lernte ich das Saxofon auszupacken, das kleine Bambusblättchen zu befeuchten, das Blatt ins Mundstück und das Mundstück auf den Hals zu stecken. Nach wenigen Minuten brachte ich einen Ton heraus: ein veritables Hupen. Peter Normann, mein (im Übrigen hervorragender) Lehrer, brachte mir bei, wie ich die Finger zu setzen hatte, und als ich ein paar Stunden später in der Wohnung meiner älteren Schwester Sara stand, einem ehemaligen Ladengeschäft an der Borups Allé, packte ich das Horn aus und fummelte mich durch die ersten kleinen Melodien, die ich bis dahin nur gesungen hatte: »When the Saints Go Marching In« und »Jeg drømte om en jord« – Melodien, die sich mit den Tönen der C-Dur-Tonleiter spielen ließen, die ich dem Saxofon entlocken konnte.

Ich hatte begonnen, Saxofon zu spielen. Und ich war davon geradezu besessen. Es war zweifellos das Beste, was ich jemals ausprobiert hatte. Vergessen waren Fußball, Radfahren, Schwimmen und alle möglichen anderen Sportarten, zu denen ich nie rechten Zugang gefunden habe, vor allem, weil mich seit meinem fünften Lebensjahr eine in der Familie vererbte Kurzsichtigkeit beeinträchtigt, die verlangt, dass meine Brille von morgens bis abends auf der Nase sitzt. Nicht sonderlich hilfreich auf einem

Sportplatz – wenn ich die Brille verlor, konnte ich nichts mehr sehen.

Ich übte jeden Tag stundenlang – nahm das Saxofon mit in die Schule, übte in jeder Pause, ging hin und wieder auch in den Gemeinschaftsraum und spielte dort, wenn ich der Ansicht war, dass eine bestimmte Unterrichtsstunde nicht unbedingt meine Aufmerksamkeit erforderte. Ich begann zudem, im Laden zielgerichtet nach Schallplatten von Saxofonisten zu suchen: Johnny Hodges, Benny Carter, Charlie Parker. Sie waren meine ersten drei großen Saxofon-Helden, alle drei waren Altsaxofonisten. Hodges' warmherziger Klang durchdrang und beglückte mich mit seinen himmlischen Glissandi. Carters virtuose, prächtige und stolze Melodielinien reizten meinen Intellekt, wie schöne Kombinationen von Großmeistern beim Schach. Parkers äquilibristischer Erfindungsreichtum öffnete Türen zur Wehmut und Willensstärke des Jazz. Das waren die drei Größten. Dann kam Earl Bostic dazu, sein grollendes Saxofonspiel war mitreißend, draufgängerisch und sehr gut. Außerdem Cannonball Adderley, dessen Melodielinien eine unerschöpfliche Quelle von Erfindungsreichtum und guter Laune waren, sie drangen direkt aus seiner Seele. Schon bald folgten die Tenorspieler Ben Webster, Coleman Hawkins, Lester Young, erst später dann John Coltrane, Wayne Shorter und Albert Ayler. Sie alle hatten unzählige Alben eingespielt, von denen jedes einzelne Inspirationen enthielt, die für mehrere Leben gereicht hätten. Auf dem Saxofon zu üben war im Großen und Ganzen die Hauptbeschäftigung meines Lebens in jenen Jahren.

Ich fand heraus, dass im Saxofon eine besondere Form der Magie steckt. Denn ich erkenne all die eben genannten Saxofonisten (und noch viele weitere), wie jeder Jazzenthusiast, wieder, sobald ich auch nur einige wenige Töne von ihnen höre – manchmal sogar schon beim ersten Ton. Es liegt am enormen Klangpotenzial des Saxofons, dass alle in dieser beinahe unendlichen Reihe von Legenden ihre eigene Stimme, ihren eigenen Ton gefunden und bis zur Perfektion gepflegt haben. Genau dieser Aspekt war der Grund, warum ich so besessen war von diesem Instrument, das Elemente aus Messing- und Holzblasinstrumenten kombiniert. Die Kombination aus einem Messinghorn und einem Holzblatt vereint diese beiden Klangwelten und lässt nahezu unendliche Möglichkeiten zu, von Paul Desmonds schlankem, elegantem Klang über Coleman Hawkins' breitfrequenten, selbstbewusst herausfordernden Ton bis hin zu David Sanborns nadelspitzer Präzision und Sidney Bechets bebender Melancholie – all diese Saxofonisten sind klanglich so eigenständig, dass man meinen könnte, sie spielten vollkommen unterschiedliche Instrumente. Und da das Saxofon über die gleichen Stimmlagen wie der Mensch verfügt – Sopran, Alt, Tenor, Bariton –, kann man als Saxofonist tatsächlich seine eigene Stimme auf dem Instrument finden, wenn nur das Engagement und das Interesse groß genug sind. Die Variationsmöglichkeiten sind ebenso zahllos wie bei der menschlichen Stimme. Keine zwei Töne klingen gleich.

Auf diese Weise nahm das Saxofon mehr und mehr meiner Zeit in Anspruch, und nach und nach arbeitete ich immer seltener im Plattenladen. Im Alter von vierzehn Jahren gründete ich mit einigen Freunden eine Band. Und plötzlich traten wir überall in Kopenhagen auf. Es war unglaublich: mit jemandem zusammenspielen zu können und für jemanden zu spielen, der zuhörte und klatschte … Es war ein Fest, ein Spiel, ganz unvergleichlich.

Als ich fünfzehn Jahre alt wurde, bekam ich das angesparte Geld meines Kinderkontos ausbezahlt. Meine Klassenkameraden warteten damit, bis sie achtzehn waren, um das Geld für eine Interrailreise oder den Führerschein zu nutzen, aber ich wusste genau, wofür ich mein Geld ausgeben wollte – und zwar so schnell wie möglich. Also ging ich zu dem Instrumentengeschäft in der Skoubogade in der Innenstadt, vor dem ich schon so oft gestanden und mir hingerissen die im Schaufenster ausgestellten Blasinstrumente angesehen hatte. Ich kaufte mein erstes eigenes Saxofon: ein Selmer Super Action 80 Serie II, mit der schönsten Gravur am Schallbecher, die man sich vorstellen kann. Über kaum ein Ereignis in meinem Leben habe ich mich je wieder so gefreut – selbstverständlich mit einer Ausnahme: der Geburt meiner Kinder. Ich spielte nun ununterbrochen. Warum sollte ich auch aufhören? Es war das absolut Beste, was ich je gemacht hatte. Und ich wurde schnell richtig gut, vertiefte mich in Improvisationen, spielte zu Jazzplatten in meinem Zimmer, vor allem jenen von Ray Charles, denn zwischen seinem wunderbaren, seelenvollen Gesang gab es Platz für Saxofon-Fills. Schon bald gründete ich mein erstes Jazzquartett. Wir zogen von Café zu Café und spielten für zwei Tassen Kaffee und einen Hosenknopf, Hauptsache, wir durften spielen.

Als ich achtzehn Jahre alt war, nahmen wir an einem Jazzwettbewerb teil: »JazzArnaTazz«. Als Hauptgewinn durfte die Siegerband in ein richtiges Studio gehen und eine CD aufnehmen, die tatsächlich veröffentlicht werden sollte. Und wir gewannen! Danach stand uns die ganze Welt offen, Konzerte und Tourneen reihten sich aneinander, alles drehte sich um die Musik, und ich hatte keinerlei Zweifel, dass meine Liebe zur Musik und dem Saxofon zu meiner Lebensgrundlage, meinem Beruf werden würde. Das Saxofon war meine große Liebe. Abgesehen von meiner Ehefrau Ann, mit der ich seit meinem siebzehnten Lebensjahr zusammen bin, und unseren Kindern und Hunden, nimmt das Saxofon in meinem Herzen den größten Raum ein. Und hier könnte die Geschichte meines geliebten Instruments enden, und alles wäre eitel Freude. Doch wie in allen guten Märchen gibt es natürlich auch eine Kehrseite.

Mir zeigte sie sich bereits mehrere Monate nach Erscheinen meines Debütalbums. Denn niemand hatte mir verraten, dass zu hohe Dezibel an zu vielen Stunden am Tag dem Ohr schaden können. Der Begriff Tinnitus war wohl gerade erst erfunden worden (ich hatte jedenfalls noch nie davon gehört), aber um meinen Sound zu perfektionieren, stand und spielte ich jeden Tag stundenlang vor einem Spiegel an der Wand, um den Ton direkt in meinen Kopf zu projizieren. Es war auch unglaublich effektiv, im Badezimmer zu spielen, wo jeder Ton von den Porzellanfliesen an den Wänden zehnfach verstärkt zurückgeworfen wurde und mit voller Wucht auf das Trommelfell traf. Doch plötzlich fingen meine Ohren an zu klingeln, dann zu heulen und schließlich zu schreien. Und so ist es bis heute geblieben. Wenn ich viel gespielt habe oder mich in einer hektischen und vielleicht etwas gestressten Phase befinde, kommt es vor, dass der Heulton in meinen Ohren mich mehrmals pro Nacht aus meinem wohlverdienten Schlaf reißt. Die Ruhe hat mein Gehör und mein Gehirn für immer verlassen. Die vielen kleinen Härchen, die in meinen Gehörgängen von den zu lauten Tönen herabgedrückt oder geknickt wurden, bestehen darauf, das fehlerhafte Signal an mein Gehirn zu senden, sodass ich Geräusche höre. Eine Menge Geräusche. Auch wenn es um mich herum ganz still ist. Der Tinnitus lockert niemals seinen Griff.

Zu allem Überfluss fing auch noch meine Hüfte an zu schmerzen: Wegen eines winzigen Knochenzapfens, der an der falschen Seite der Wirbelsäule sitzt, ist es schmerzhaft, wenn ich etwas vor meinem Körper halte. Aber ich stand fast vierzig Jahre mit einem acht Kilogramm schweren Altsaxofon in der Hand auf der Bühne. Das Ergebnis? Der Rücken tut immer ein bisschen – oder sehr – weh. Und um alldem die Krone aufzusetzen, habe ich in den letzten zehn bis zwölf Jahren eine Kontaktallergie entwickelt, die dazu führt, dass ich es fast nicht ertragen kann, Metall zu berühren – schon gar nicht das Metall, aus dem Saxofone hergestellt werden! Offenbar ist gerade so viel Nickel in der Legierung enthalten, dass meine Finger und Hände rissig werden, und es passiert nicht selten, dass meine Finger während eines Konzerts aus den zahlreichen kleinen Wunden zu bluten beginnen, die das Resultat dieser Form der Allergie sind. Ich versuche, meine Hände mit dicken Fett-, Hand- und Gesichtscremes einzureiben. Doch die schmerzhaften Risse kommen immer wieder.

Im Grunde kann ich von Glück sagen, dass ich zu kurzsichtig bin, um den Wink mit dem Zaunpfahl zu sehen. Denn tatsächlich spricht vieles dafür, das Saxofon an den Nagel zu hängen. Aber es macht eben immer noch so verdammt viel Spaß, darauf zu spielen. Es gibt immer noch so viele unerforschte Klänge, Linien, Geschichten, in die ich noch nicht eingetaucht bin. Ich habe noch so viel zu lernen. Obwohl ich über siebzig Alben als Solist veröffentlicht habe, spiele ich weiter, übe, komponiere, nehme auf, veröffentliche, gehe auf Tournee. Ich kann es einfach nicht lassen. Getragen von einer inneren künstlerischen Notwendigkeit, kann ich nicht anders, als all dic physischen Anzeichen zu ignorieren, die wacker dafür kämpfen, damit ich das Saxofonspielen aufgebe. Aber es ist längst ein so wesentlicher Teil von mir geworden, dass ich jetzt unmöglich aufhören kann. Deshalb müssen die Ohren heulen, die Finger bluten, der Rücken schmerzen. Das ist der Preis, den das fein gravierte Saxofon von mir fordert. Und den ich für immer zu zahlen bereit bin.

DIE TUBA

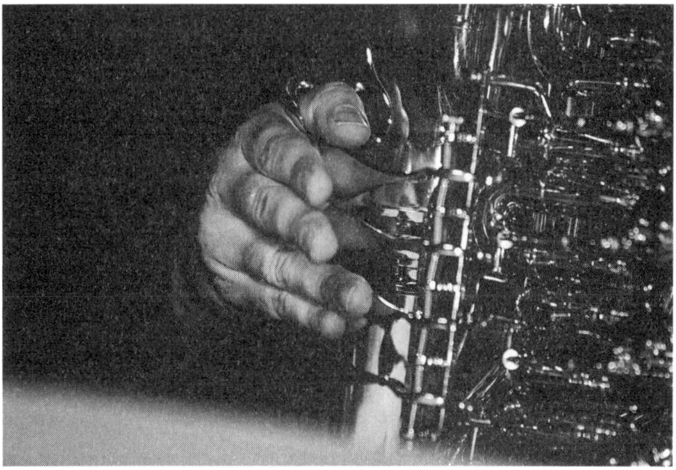

VON ANDREAS MARTIN HOFMEIR

Es gibt sogar im aufgeklärten Abendland Menschen, die behaupten, arrangierte Ehen seien durchaus beständiger als eine Liebesheirat. Nicht zuletzt mein ehemaliger Lehrer für Wirtschaft und Recht am Reuchlin-Gymnasium in Ingolstadt, der uns zu Beginn jeder Stunde seinen Leitsatz einbläute: »Liebe vergeht, Hektar besteht!«

Nun war es zwar nicht explizit dieser Leitsatz, der mich zur Tuba brachte, aber durchaus eine recht betriebswirtschaftliche Überlegung. Als kleiner Trommler in der Stadtkapelle Geisenfeld wurde ich nämlich aufgrund eines Überangebots von Musikern an diesem Instrument und meines sehr jungen Alters nur äußerst selten zu Auftritten mitgenommen. Ausgesprochen ärgerlich, da man doch bei den Einsätzen im Bierzelt auf den diversen Volksfesten handfeste Entlohnung erwarten konnte: jede Menge Autoscooter-Chips sowie Biermarken, die man bei den älteren Kapellenkameraden postwendend wiederum in Autoscooter-Chips umtauschen konnte. Wer kann da nicht nachvollziehen, dass ich mich damals bereit erklärte, jedes erdenkliche Instrument zu erlernen, wenn ich nur immer mitspielen dürfte?

Dass es dann am Ende die Tuba wurde, war dem Umstand geschuldet, dass unser Tubist ins Nachbardorf heiratete und sich dem dortigen Musikverein anschloss – dadurch wurde er bei uns im Ort natürlich zur Persona non grata. Man händigte mir also in der Not die kapelleneigene Tuba sowie eine russische Grifftabelle aus und erwartete meinen Probenbesuch, sobald ich mich dazu in der Lage sähe. Bei dem Instrument handelte es sich um eine mehr als hundertjährige Dame namens Ursula.

Die Tradition, Tuben Frauennamen zu geben, scheint aus einer Zeit zu stammen, in der noch keine Frau auf die Idee kam, dieses Monstrum zu erlernen. Und vielleicht rührt sie ja auch daher, dass eigentlich fast niemand aus ganz freien Stücken zu diesem Instrument kommt. Tubisten wurden und werden meistens zwangsangesiedelt, oft sind es pensionierte Posaunisten oder gar thrombosekranke Trompeter. Es braucht also die Liebe auf den zweiten Blick, und da ist eine Namensgebung aus dem anderen Geschlecht zumindest schon mal ein erster Schritt.

Meine innige Beziehung zu Ursula nahm ihren Anfang, als ich voller Begeisterung feststellten durfte, wie pflegeleicht sie war. Während die anderen Bläser in meiner Kapelle peinlich genau darauf achten mussten, dass ihre Trompeten oder Hörner keine Beulen bekamen, war das bei Ursula vollkommen egal. Ihr ausgeprägtes Orangenblech war ihrem Alter durchaus angemessen, und es war unmöglich, an ihr eine Stelle zu finden, wo man noch eine jungfräuliche Beule hätte setzen können. Für ihren Transport brauchte man auch keinen Koffer, nicht einmal einen Sack. Und wenn sie mal in den Regen kam, verbanden sich die Wassertropfen auf ihrer Haut auf wundersame Weise mit den Rückständen von Rauch und Fett aus dem Bierzeltdampf zu einer Lasur, die das Messing noch erhabener erscheinen ließ. Ach, Ursula …

Mittlerweile ist eine andere Hauptfrau an meiner Seite: Fanny, eine Tuba, die ich als sehr preiswertes, weil auf der Musikmesse leicht beschädigtes Instrument in einem Berliner Musikgeschäft zu Beginn meines Studiums erstanden habe. Mit bürgerlichem Namen hieß sie eigentlich »Tuba in F der Marke B&S, Modell 3100 W Goldmessing«, aber ich fand »Fanny« nicht ganz so sperrig. Außerdem minderte der Name mein Heimweh, denn in Berlin war ich als Holledauer Landbursche schon etwas verloren, und der altbairische Name Fanny (die Koseform von Stefanie) roch förmlich nach Schweinsbraten, Knödel und Dampfnudeln.

Was ich damals nicht ahnen konnte: Fanny war und ist tatsächlich die beste Tuba der Welt. Das können Sie mir ruhig glauben. Man hat mir über die Jahre so viele andere Tuben angeboten, auch geschenkt – doch keine kann ihr das Wasser reichen. Nicht, dass sie besonders leicht zu spielen wäre, das nicht. Das erste Ventil zum Beispiel ist beim B zu hoch und beim G zu tief, die Mittellage ist sehr luftaufwendig, Bindungen sind kompliziert. Aber der Klang! Einfach überirdisch! Weich, voll, rund und samtig, aber doch klar und voller Glanz!

Es hat übrigens lange gedauert, bis ich spielerisch meiner Fanny gerecht wurde. Keine Ahnung, wie sie die ersten Beziehungsjahre mit mir überlebt hat. Teils Missachtung, ab und zu sogar Misshandlung prägte unser Verhältnis, und zum erwähnten Messeschaden gesellten sich schon bald zahlreiche Zeugen unseres Zusammenlebens: vornehmlich kleinere Transportblessuren, aber auch heftige Abschürfungen durch einen Sandsturm vor den Pyramiden in Gizeh zu den Klängen von Carl Orffs *Carmina Burana,* Verfärbungen durch das Salzwasser von Tokio bis Key West, oder eine Beule durch einen Orang-Utan auf Borneo, der sich wider Erwarten nicht als uneingeschränkter Bewunderer der Tuba-Sololiteratur des ausgehenden zwanzigsten Jahrhunderts erwies.

Nichts von alledem konnte meine Fanny in die Knie zwingen. Wohl aber der US-amerikanische Zoll, dessen Mitarbeiter – nach der erfolgreichen Suche nach einer Halbliterflasche kolumbianischen Rums, die ich zwischen etlichen gebrauchten Unterhosen in ihrem Trichter versteckt hatte – die arme Fanny verkehrt herum in den Koffer zurücklegten und das Problem des Schließens dadurch lösten, dass sich sechs Zöllner so lange mit Schwung auf den Deckel setzten, bis er zuging. So übel wurde meiner Fanny lange nicht mitgespielt – ausgenommen die beiden Male, wo sie ums Verrecken nicht in den Kofferraum passen wollte, oder neulich, als zwei meiner minderjährigen Mitbewohner sie erfolgreich mit ihren Bobby Cars überfuhren.

Sie sehen, ich hüte meine geliebte Fanny wie meinen Augapfel, und es reißt mir jedes Mal fast das Herz heraus, wenn ich am Morgen ihren Verlust bemerke. Selbst wenn ich das letzte Wirtshaus des Vorabends rekonstruieren kann, so dauert es doch meistens bis zum Abend, bis der Wirt endlich erreichbar ist und Fanny und ich uns wieder in die Arme schließen können. Als Dank für meine Fürsorge überlässt sie mir übrigens auf Flugreisen stets selbstlos ihr Essen und lässt mich sogar ab und zu am Fenster sitzen, wenn ich sie höflich darum bitte.

Und der Instrumentenreparateur in Geretsried, der immer die Hände über dem Kopf zusammenschlägt, wenn ich wieder mit der ramponierten Fanny ankomme, ist eigentlich nur neidisch auf unsere robuste Beziehung. Möge sie hoffentlich noch viele, viele Jahre überdauern!

DIE FLÜGEL

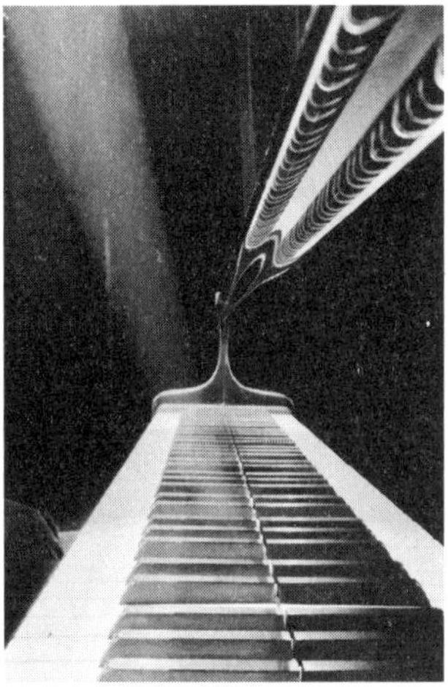

VON MICHAEL WOLLNY

Meine bessere Hälfte, mein Flügel, steht in meinem Studio, und müsste doch eigentlich im Plural stehen.

Meine besseren Hälften: Das ist mein Flügel in meinem Studio. Es war ein anderer Flügel; in einem alten Proberaum. Es war einmal ein Klavier in meiner ersten Wohnung. (Denke ich daran, ist es immer noch *mein* Klavier.) Es ist vor allen Dingen auf jeder Bühne ein neues Instrument. Jeden Abend: eine neue bessere Hälfte.

Denn: Ich reise nicht mit meinem Instrument. Ich treffe es an.

Meine besseren Hälften sind üblicherweise zunächst eins mit Orten, dann mit Personen. Sie wohnen dort, wo ich nur zu Gast bin. Sie residieren in Philharmonien, Proberäumen und Kellerbühnen.

Der Resonanzboden der Flügel wird getragen von drei hölzernen Füßen; diese stehen auf meist hölzernen Bühnen. Der Klang des Flügels: aus den Saiten, durch den Korpus, durch die Füße in den Boden, in den Saal, in die Wände, in den Raum. Der Flügel ist nur das *Interface,* auf dem der Pianist den eigentlichen Resonanzboden bespielt, den Konzertsaal. Meine besseren Hälften sind auf Rollen gebaut, sie sind flexibel, aber im Kern unbeweglich, Fix- und Triggerpunkte im Konzerthaus. Meist haben sie Lieblingspositionen, von denen aus sie mit dem Saal verschmelzen.

Was heute in unseren Häusern steht, sind die aktuellen Versionen eines dreihundertfünfzig Jahre alten Traums von einem Tastengerät, das sich dem Klangideal von Klavierbauern, -stimmern, -komponisten, -spielern und -hörern angepasst hat. Flügel und Klaviere sind, wie Tonarten, Orchester, Musiker, äußerlich ähnlich, aber eigentlich und vor allem grundverschieden. Mir wurde, wie vielen anderen Kindern, einmal ein »Talent fürs Klavierspiel« nachgesagt: Es ließ uns glauben, dass die Begabung zur Bedienung (und letztlich die Anordnung) der Tasten in Diatonik und Pentatonik eine ganz »natürliche« sei. »Klaviertalente« haben eine unheimliche Treffsicherheit auf im Grunde willkürlich geformten, hochgradig normierten Tast- und Klangmaschinen.

So wie ich meinem Instrument meine Hände entgegenstrecke, öffnet es mir seine Tastatur. Es lässt sich wecken; zehn Finger auf achtundachtzig Tasten, unendliche Möglichkeiten, Klänge zu ertasten, zu begreifen, festzuhalten und loszulassen. Finger wie Spinnen, die über das Netz aus schwarzen und weißen Tasten schleichen, in Gegenbewegung, in Eintracht, *in Disposition*. Spinnen, die durch Tonnetze kriechen, fremd, unerbittlich, verführerisch; die Gestalten ändern können, sich spreizen und stauchen, sich recken und krümmen. Rasen und lauern, bewegliche Panzer, eine Krakelei der Drehungen und Angriffe. In jedem Klang eine Beute, in jeder Bewegung eines der acht Beine (und zwei Daumen) neue Resonanzen.

Kein Ende in Sicht
Kreisen & Weben
Umgarnen
blitzschnell
Stechen
Streicheln
Spazieren

Die Hände spüren das Instrument und dahinter, in den Tasten, das Stück Musik. Klaviere und Tonarten haben Farben, aber auch eine bestimmte *Griffigkeit*: »Ges-Dur« hört sich weich, matt und grün an – aber es *fühlt sich auch an* nach einer Gratwanderung, nach Innigkeit, nach einer bestimmten Konstellation der Finger auf schmalen schwarzen Tasten, eingerückt und erhaben, zwischen weißen Tasten. Manche Musikstücke liegen schweigend unter dem Tastenboden, man muss sie erspüren unter der temperierten, chromatischen, flachen, spiegelglatten Oberfläche; muss nach ihnen graben, Fingerspitze an Holz, Druckpunkt an Widerstand.

Manche Stücke springen direkt aus dem Tastenbett in die Finger, sodass man vergisst zu fragen, wie sie dort bisher einfach so liegen konnten. Manche Stücke fließen durch die Finger in die Tastatur und bleiben im Korpus, verändern das Instrument. Jedes Konzert, im Grunde genommen: eine *Ablagerung* von Ideen ins Instrument, umgekehrt eine *Absonderung* von Klang in den Spieler und Hörer. Jedes Instrument voller Griffarchive. 359.822: Das ist die Nummer eines meiner Klaviere.

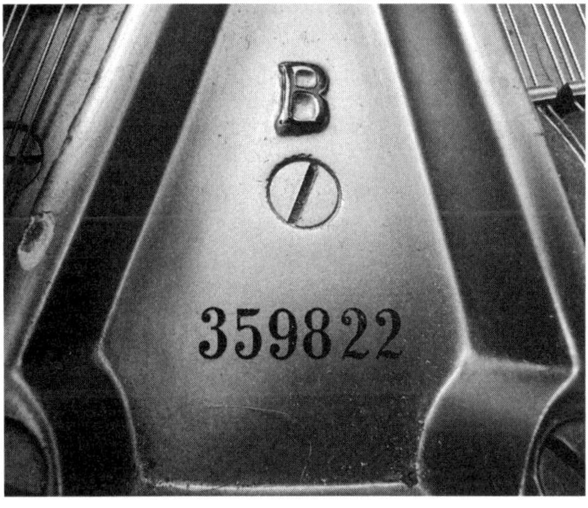

Meine Instrumente sind Avatare, sie klingen stellvertretend für mich. Ich selbst erzeuge keine Schallwellen in mir – meine Finger bewegen Tasten, die filzbezogene Hämmer gegen eine bis drei Saiten schleudern. Das *Pianoforte* ist ein Umweg, der Kinetik in Töne verwandelt; ist eine Musikmaschine, die Klänge tastbar macht; ist eine Technologie, die meinen Händen das Manipulieren einer Akustik ermöglicht: als Laboratorium mit achtundachtzig länglichen, periodisch angeordneten Hebeln zur Regulierung eines »Sounds«. Im Untergeschoss: das *Una Corda*-Pedal (für das leisere Spiel); das *Fortepedal* (für das Spiel ohne Dämpfer); das *Sostenuto-Pedal* (für das selektierte Spiel ohne Dämpfer).

Die Tasten kommunizieren mit meinen Fingern. Beide wissen meist mehr übereinander als ich. Wenn ich zu viel will, werden sie träge. Wenn ich nicht weiterweiß, erfühlen sie gemeinsam den Weg des geeigneten Widerstands. Meine Finger und ihre spontanen Allianzen mit meinen besseren Hälften – sie haben längst begriffen, was hörbar werden soll.

Das schrieb der Komponist György Ligeti in der Vorbemerkung zu seinen *Études pour piano*: »Ich lege meine zehn Finger auf die Tastatur und stelle mir Musik vor. Meine Finger zeichnen dieses mentale Bild nach, indem ich die Tasten niederdrücke, doch die Nachzeichnung ist sehr ungenau: Es entsteht eine Rückkopplung zwischen Vorstellung und taktil-motorischer Ausführung.« Diese Rückkopplung ist jene flüchtige sensorische Aufregung, die wir als Einfall wahrnehmen und in ihrer Folge als Intuition verbuchen.

Ohne meine besseren Hälften kann ich nicht schreiben, klingen, regulieren. Der Tonraum, er ist nicht stufenlos verfügbar, er ist perforiert in achtundachtzig Ausschnitte aus dem unendlichen Frequenzspektrum. Das Klavier kann nur zugreifen auf dieses chromatische System; der Klavierspieler ist hilflos ohne den Klavierstimmer, der das System *wohltemperiert*. Trotzdem: das Grenzenlose in jeder Taste, jeder Note, jedem Ton. Alle meine besseren Hälften, sie sind auch bessere Hälften all der anderen Klavierspieler und -spielerinnen, und nie klingen sie gleich.

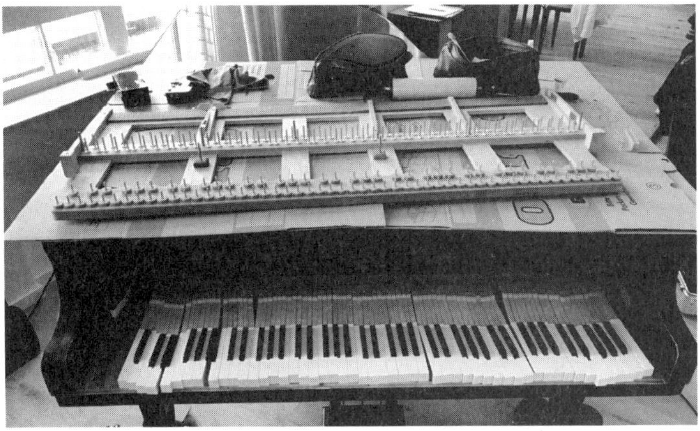

Der Flügel in meinem Studio wurde vor einigen Jahren *generalüberholt;* nach der sogenannten *Generalüberholung* hatte mein Flügel eine neue Tastatur, eine neue Mechanik, neue Saiten, neue Hämmer und neue Stimmstäbe. Der Boden wurde geschliffen, der Lack erneuert. Nach der *Generalüberholung* musste, in den Worten des Klaviertechnikers, erst einmal wieder »Ruhe in das Instrument« kommen. Flügel müssen regelmäßig intoniert werden. In einigen Jahren wird man meinen Flügel auch wieder *generalüberholen* müssen, das Leben eines Flügels atmet in längeren Zügen als das seines Spielers.

Manche Flügel treffe ich regelmäßig. Sie verändern sich stetig. Das Holz arbeitet. Die Schallwellen stauchen und strecken den Resonanzboden. Die Filze am Hammer verformen sich mit jedem Anschlag. Jedes Fortississimo ein Beben an den Scharnieren des Spielwerks. Die Federn und Winkel und Lederriemen und Schrauben hinter den Tasten, sie sind in Bewegung.

Die Geschichte all meiner besseren Hälften: eine Geschichte der Berührungen. Sich an der Hand nehmen lassen. Immer wieder lernen können.

Ein Geben und Nehmen
Unter der Hand öffnet sich ein Horizont
Kreisen & Weben
Umgarnen
blitzschnell
Liebkosen

DAS GEHIRN

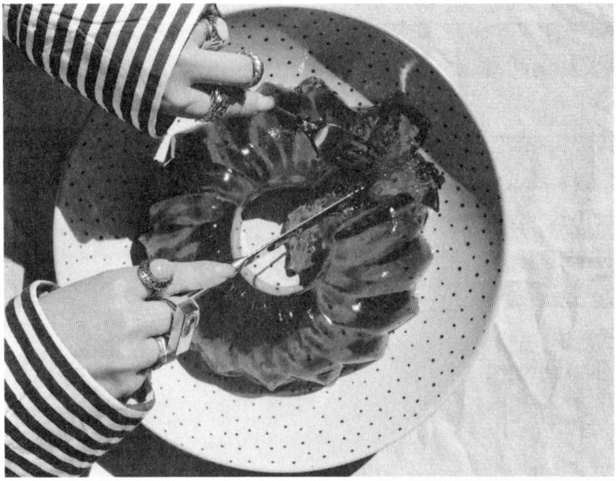

VON BALBINA

Auf die Frage, was denn mein Instrument sei, zu antworten: »Mein Gehirn« – das mag größenwahnsinnig, selbstverliebt und arrogant erscheinen. Am liebsten wäre meine Antwort auf diese Frage gerade *nicht* »Mein Gehirn«, denn mein Gehirn macht mir im Alltag sehr zu schaffen. Es ist der verschlossene Raum, in dem viele Ängste und Selbstzweifel stattfinden. Mein Gehirn ist der Safe, den ich in seiner Gänze auf keinen Fall nach außen kehren kann und möchte, weil er Auskunft über meine Unzulänglichkeiten gibt. Er ist eine Raumkapsel, deren Fenster von innen verschlossen und zugezogen sind.

Ich antworte auf die Frage nach meiner besseren Hälfte nicht deswegen mit »mein Gehirn«, weil ich mich kognitiv als Intelligenzwunder betrachte – eher im Gegenteil. Mitnichten löse ich Sudoku-Rätsel in Windeseile. Mitnichten erahne ich, welche mathematischen Zusammenhänge sich hinter dunkler Materie verbergen. Ich würde sogar behaupten, dass gerade mein Gehirn mit einigen Blockaden und falschen Vernetzungen arbeitet, die mir tagtäglich zu schaffen machen. Ich betrachte es von außen als weiche, organische Teilchenmasse, die Realität in Bewusstsein übersetzt – die Prozesse innerhalb dieses wabbeligen Klopses sind jedoch einer gewissen Autonomie unterworfen: Mein Einfluss auf sie hängt von stetigen Verhandlungen ab. Deswegen kann ich auch ganz gut zwischen mir als einem ganzheitlichen Ich mit allem Drum und Dran und meinem Gehirn als dessen Generator differenzieren.

Das Gehirn ist der Chef im Leitungsstab meines Seins, es herrscht also auch über meine kreative Gestaltung als Künstlerin – doch ohne das Team aus Haut und Knochen, Empfindungen und Instinkt, Nervensystem und DNA wäre es ein austrocknendes, geleeartiges Nichts. Ich sitze zum Beispiel gerade an meinem Tisch und nehme wahr, dass dieses Gehirn oben in meinem Körper sitzt. Eine kleine Maschine, die rattert und ackert, die Gedanken mit Emotionen verbindet, die kämpft, die sich täuscht, die Erkenntnisse hat und nervt. Während ich diese Sätze hier aufschreibe, kämpft sich meine Wahrnehmung durch das Gehirn aufs Papier – und sie hat es nicht leicht, denn was vom Oberstübchen nach außen drängt, wird ständig vom eben erwähnten Leitungsteam bekämpft. Meine Instinkte lenken es andauernd ab: »Ich möchte einen Text verfassen, der abbildet, was ich zum Sachverhalt dieses Buches beizutragen habe – VOGEL HUNGER – ich schreibe – ZIGARETTE ZAHNARZT KRATZEN – einen Text – WILL KOMPONIEREN HAHA – für diese Anthologie – HUNGER HUNGER ZIGARETTE ENDE – nein, weiter im Text – HAHA.«

Damit ich mit diesem organischen Geheiminstrument überhaupt zielführend kommunizieren kann, muss ich es bezwingen. Ich muss all die brüllenden, unsortierten Denkströme beruhigen und ordnen, um sie zu kontrollieren. Ich muss sie sanft zusammenfügen und in eine übersichtliche Landkarte der Gefühle dirigieren, und ich muss ihnen erlauben, in Harmonie zu fließen. Ich muss so mit dem Gehirn spielen, dass sich in ihm für kurze Momente eine Sinfonie meiner Träume bildet. Genau diese Herausforderung ist der Grund, warum ich mein Gehirn als Instrument begreife, mit dem ich seit Jahrzehnten übe: Es ist eine Art Werkzeug, um meine Wahrnehmungen besser zu verstehen, zu definieren und zu verarbeiten und um sie anschließend meiner Umgebung in Form von Musik, Texten oder Bildern vorzuspielen. Ich zwinge mich regelrecht zu den subjektivsten

Analysen meines Selbst, zu Auseinandersetzungen mit den kleinsten Details meiner Umwelt, zum Verlassen meiner Komfortzone – nur um zu begreifen, was um mich herum überhaupt passiert.

Mein Gehirn ist es, welches mir beibringt (oder zumindest versucht, mir beizubringen), dass das menschliche Tun und Denken nicht nur von Reiz-Reaktions-Schemata bestimmt ist. Mein Gehirn wohnt in mir drinnen und verarbeitet mannigfaltige Informationen von außen – und das Erste, was es mich lehrt, ist meistens, dass ich noch mehr Informationen brauche. Seine größte Aufgabe besteht in der Dokumentation von Wahrnehmungen, bevor es überhaupt darum gehen kann, diese Wahrnehmungen in einen Kontext zu setzen. Jedes Detail ist relevant, denn erst später wird entschieden, welche Merkmale dazu dienen, um zu begreifen, was in der Realität eigentlich gerade stattfindet – ja, was Realität vielleicht überhaupt ist.

Nachdem in meinem Gehirn also Verhandlungen über die Tatsächlichkeit der Dinge stattgefunden haben, werden Urteile gefällt und kommuniziert. Diese Urteile äußern sich zum Beispiel in Sprache: wenn ich sie anderen kundtue oder vielleicht auch manchmal mit mir selbst spreche. Grob zusammengefasst, könnte man sie auch als Taten beschreiben, als konsequente Handlungen, welche die Realität – die danach ihrerseits wieder verarbeitet werden muss – mitgestalten. So renne ich durch meinen Alltag, mal bewusster, manchmal unbewusster, und führe die Urteile nach Befehlen meines Gehirns aus.

Eine weitere Herausforderung dieser organischen Gestaltungsmaschine scheint darin zu bestehen, dass Legislative, Judikative und Exekutive in ihr gewissermaßen zusammengelegt sind. Mein Gehirn ist Software, Hardware und Kanal zugleich: wenn es am Arbeitsplatz bewusst die Computertastatur von den Fingern drücken lässt, wenn es beim Joggen den Weg bestimmt, wenn es beim Bestellen eines koffeinfreien Latte macchiato die

Zunge lenkt. Es herrscht absolutistisch. Es ist der organischste und selbstverständlichste Diktator, den ich kenne. Deshalb gleichen Verhandlungsabläufe in meinem Gehirn Informationskriegen des zwanzigsten Jahrhunderts, und wenn ich ehrlich bin: Das macht ganz schön müde. Ich kann nur von mir sprechen, aber ich ahne, dass Ähnliches der gesamten Spezies Mensch widerfährt – auch ohne ausgeprägte kreative Momente.

Die einen schreiben Romane, die anderen lehren an Schulen, wieder andere schütten Beton in eine Grube. Das Hirn übersetzt Gedanken in Taten. Doch was macht es für mich so besonders? Eigentlich nichts – und dennoch alles. Ich darf spielen, weil in mir auf einer Spielwiese der Fantasie Ideen wachsen. Diese Ideen sind wie Pflanzen: Für einige handelt mein Leitungsstab besonders viel Raum und Ressourcen aus, sodass sie prachtvoll über andere hinauswachsen und das Licht der Welt erreichen, sich den Weg in eine gemeinsame Realität bahnen. Ihre kleinen Äste kitzeln die Fingerspitzen, sodass sie die Tasten meines Midi-Klaviers drücken. Ihre Früchte landen als Bass-Drum in der »Welt der vergessenen Dinge«. Ihre Stämme bilden Formen, die sich in sprachliche Bilder übersetzen.

Ich drücke Gefühle aus. Ich drücke sie aus meinem Kopf heraus, und jedes Werkzeug, das ich dafür benutze, wird zum Erfüllungsgehilfen. Das ist nicht abwertend gemeint, sondern praktisch. So ist etwa mein Mikrofon ein Ventil für mich, genauso wie die Schrift ein Abbild der Schwingungen ist, die aus mir herauskippen. Ich schieße aus so vielen Rohren, dass ich nie die Geduld hatte, auch nur ein einziges Instrument zu erlernen – was durchaus schade ist. Ich spiele alles (wenn auch sehr, sehr schlecht), um auf mannigfaltige Weise skizzieren zu können, was ich empfinde: Videoschnitt-Programme, Ukulelen, Musik-Software, Drum-Maschinen. Nichts davon kann ich ansatzweise gut, aber gut genug, um alles peu à peu so lange zusammenzufügen, bis es so klingt, wie es in mir klingt. Ich bin mehr als dankbar für begnadete Musiker*innen, die meine Melodielinien später noch einmal »in gut« nachspielen. Der Superlativ dieser naiv-intuitiven Kompositionsweise ist stets der Augenblick, in dem das Deutsche Filmorchester Babelsberg meine Ideen zum ersten Mal spielt – was mich dann meist in der Studiokabine zu Tränen rührt. Mein Gehirn als Instrument setzt zusammen und arrangiert, es nimmt Einflüsse auf und wandelt sie um in Schwingungen, Töne, Bilder, Farben, Kleider, vor allem auch in emotionale Ausrufe meines Gesangs. Ich betrachte meine Stimme auch nicht als eigenständiges Instrument – vielmehr dient sie dem Gehirn dazu, Emotionen in Form von Tönen nach außen zu kehren.

Das Gehirn ist und bleibt die Basis der Kreation, der schöpferischen Kraft, und es treibt diese in die Exekutive, in meine Finger, meine Nasenspitze, meine Füße, meine Haut. Meine körperlichen Aktionen werden in der grauen Masse erforscht, verhandelt und delegiert. Es ist mein Gehirn, welches auf virtuose Art und Weise Empfindungen in wahrnehmbare Artefakte formt. Es ist mein Gehirn, welches sich dazu diszipliniert, Kompositionen zu erdenken, um erdachte Sachverhalte abzubilden. Mein Gehirn ist das Bindeglied zwischen Fantasie und Realität, zwischen Wahrnehmung und Ausdruck. Mein Gehirn versucht das auszudrücken, was ich in mir höre, sehe und fühle. Es ist der Schlüssel für das Tor in eine unendlich scheinende Traumwelt.

Mit jedem neuen Text und jeder neuen Komposition spielt mein Gehirn differenzierter aus, was im Oberstübchen stattfindet. Deswegen spreche ich auch von einem ambitionierten Verhandlungsprozess. Denn das Erfassen des Denkens und das Abbilden seiner Utopien braucht viel Übung und Routine, um es immer wahrheitsgetreuer auszuspielen. Außerdem erfordert es die Einsicht, dass es unmöglich ist, die Wahrheit der Fantasie jemals in ihrer Gänze zu spiegeln. Und genau deswegen kann und muss man ausschließlich mit und in ihr spielen.

DAS STUDIO

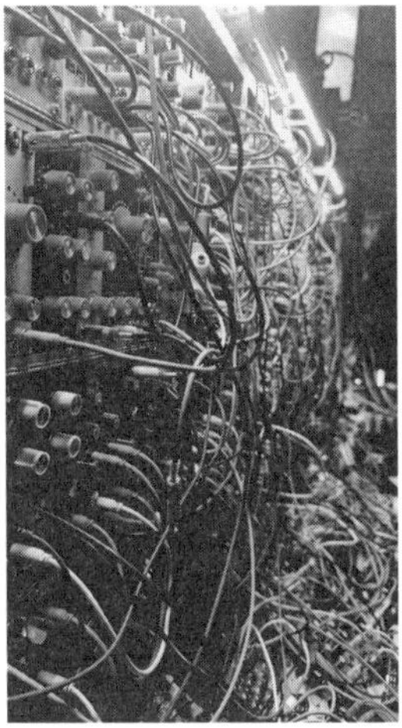

VON CONSOLE

Wenn ich gefragt werde, was für ein Instrument ich spiele, antworte ich meist: »Ich spiele gar kein Instrument.«

»Aber Sie sagten doch eben, Sie sind Musiker?« So ungefähr lautet die Frage, die ich dann dem verdutzten Gesicht meines Gegenübers entnehme.

»Na ja, mein Studio ist quasi mein Instrument«, entgegne ich dann, um den Menschen ein wenig aufzufangen, bewirke damit allerdings regelmäßig das Gegenteil.

Wie kann man sich das also vorstellen: ein Studio zu spielen?

Mein Studio ist ein länglicher, fünfundvierzig Quadratmeter großer Raum, mit diversen Klangabsorbern und Diffusoren an den Wänden und der Decke. An der Rückwand befindet sich ein Regal mit Schallplatten, ungenutzten Geräten und Kisten, in denen sich verschiedenste Kabel, nach Beschaffenheit sortiert, befinden, sowie eine vollgestellte Ablage mit einem Teekocher darauf. An einer der Längswände befinden sich zahlreiche Fenster, die einen schönen Blick auf die Stadt erlauben, deren Vorhänge allerdings immer zugezogen sind. Ich fühle mich ungern beobachtet, wenn ich mein Instrument spiele.

Obwohl ich auch schon den Klang meines Teekochers aufgenommen, ihn also zu meinem Instrument gemacht habe, ist das, was ich als »mein Instrument« bezeichne, nicht der Raum an sich, sondern die Technik, die sich darin befindet. Und die kann man sich ungefähr so vorstellen: An der Stirnwand des Raumes befinden sich zwei große Lautsprecher mit einem Bildschirm. Etwa zwei Meter davon entfernt folgt mein Hauptarbeitsplatz, an dem sich jeweils links und rechts ein Mischpult befindet. In der Mitte stehen einige Geräte zur Bearbeitung von Klang und Dynamik sowie ein drittes Mischpult – insgesamt gibt es etwa acht oder neun Mischpulte in meinem Studio. Links und rechts neben den beiden Hauptmischpulten ziehen sich zwei Tische nach hinten in den Raum. Unter diesen Tischen befinden sich Geräte zur Klangveränderung und zahlreiche Effektgeräte, vor allem Hallgeräte und Delays, also Geräte, die ein Signal verzögern, ein Echo erzeugen. Auf den Tischen befinden sich diverse Synthesizer, Drumcomputer und ein Modularsystem, das mehrere Meter der Länge des rechten Tisches einnimmt und mit seinen vielen bunten Kabeln in der Regel die Blicke von Erstbesuchern auf sich zieht. Das Modularsystem besteht aus mehreren Rahmen, die Einschübe für Klangmodule besitzen. Diese Module werden über Kabel miteinander verbunden, und so kann man sich beispielsweise einen Synthesizer oder ein Effektgerät nach eigenen Wünschen zusammenstecken.

Das eigentliche Nervensystem meines Studios ist aber ein Steckfeld, das alle Geräte miteinander und schlussendlich mit dem Mischpult verbindet, so wie früher. Und damit meine ich nicht das »Früher« vor der Erfindung des Mobiltelefons, sondern die Zeit, als Telefone noch miteinander über ein Steckfeld verbunden waren, an dem Telefonist*innen saßen und die Menschen beziehungsweise deren Telefone auf Anfrage miteinander verbanden. Um all die Geräte in meinem Studio miteinander respektive über das Steckfeld zu verbinden, verlegten wir Hunderte Meter von Kabeln. Es gibt einen sehr komplexen Schaltplan, bei dem ich jedes Mal, wenn ich etwas nachsehen muss, einige Minuten brauche, um die kryptische Sprache zu verstehen. Verantwortlich dafür ist mein lieber Freund Matz, den ich in der Konzeptionsphase des Studios kennenlernte – damals dachte ich noch ernsthaft, ich könnte das alles alleine verkabeln. Ohne Matz wäre ich gnadenlos daran gescheitert. Er hat alles geduldig nach meinen manchmal etwas eigenwilligen Vorstellungen verkabelt und verschaltet. Das Entscheidende ist die Art und Weise, wie er das tut: Er arbeitet mit einer Hingabe und Leidenschaft, die es wohl kaum ein zweites Mal in diesem Bereich gibt. Matz verwandelt diese trockene technische Tätigkeit in eine Kunst, und das beeindruckt mich ein ums andere Mal.

Das Einzige, was man in meinem Studio nicht findet, sind Gegenstände, die man klassischerweise als »Instrumente« bezeichnen würde – es gibt also weder Saiteninstrumente noch ein Klavier. Ich besitze zwar ein Rhodes-Piano, das steht allerdings bei meinen Nachbarn. Mein Instrument ist das Studio als Ganzes. Aber wie spielt man nun ein solches Instrument?

An den verschiedenen Kanälen der Mischpulte kommen – je nachdem, wie alles über das Steckfeld verbunden ist – alle möglichen Signale von Synthesizern und Drumcomputern oder dem Modularsystem an. So könnte beispielsweise auf einem Kanal die große Trommel liegen, auf einem anderen eine Bassstimme, auf dem nächsten Perkussioninstrumente, auf wieder einem anderen Melodiestimmen und so weiter. Die einzelnen Klangerzeuger werden meist von sogenannten Sequenzern angesteuert: Das sind Geräte, die eine einprogrammierte Sequenz von Noten in einem ebenfalls vorgegebenen Rhythmus abspielen. Oftmals kann man die Tonfolgen und den Rhythmus mittels Tasten oder Reglern in Echtzeit verändern. Wären die Vorhänge meines Studios geöffnet, könnte man mich, nachdem ich die Aufnahmetaste gedrückt habe, wild umherspringen sehen: Denn vom Mischpult zum Modularsystem sind es jeweils ein paar Schritte, und oft muss ich innerhalb von Zehntelsekunden hier eine Taste drücken, dort an einem Knopf drehen, um im nächsten Moment wieder woanders einen Schieberegler zu justieren. Schlussendlich hat meine Tätigkeit also eher etwas von einem Dirigenten, der verschiedene Klänge dirigiert und somit den Klangkörper formt.

Besonders interessant und oft (aber nicht immer) schön wird es, wenn alles so verkabelt und verschaltet ist, dass der Zufall in einem (vorgegebenen) Maß mitspielt. Vor allem wenn ich, beispielsweise abgelenkt durch das Gespräch mit einem Freund, nicht dazu komme, ständig irgendetwas einzustellen oder zu verändern, wenn also das Orchester (alias das Studio) einfach selbst spielen darf. Eine Analogie in der Welt der »klassischen« Musik wäre beispielsweise Terry Rileys Werk *In C*, bei dem es den Mitspielenden freigestellt ist, wann die nächste Notenfolge zu spielen ist, allerdings innerhalb gewisser Grenzen, damit das Werk harmonisch konsistent bleibt und nicht in Kakofonie abdriftet.

Die Frage bleibt also: Spiele ich überhaupt ein Instrument?

Viel mehr als die Frage, ob meine Standardantwort (»Mein Studio ist quasi mein Instrument«) nun legitim ist oder nicht, beschäftigt mich allerdings etwas anderes: Seit einer Weile läuft es nicht mehr so gut mit meinem Instrument, wie ich mir das wünsche. Wie sehr mich das beschäftigt, manifestiert sich mittlerweile sogar in Träumen wie diesem, aus dem ich just heute Morgen erwacht bin: Ich suchte einen neuen Ort für mein Studio und fand diesen im Dorf meiner Kindheit beziehungsweise in der Nähe davon, außerhalb des Dorfes. Ich sprach mit den Verantwortlichen der Gemeinde darüber, welche der Scheunen, die es dort gab, für ein solches Studio geeignet sei und ob ich überhaupt eine Genehmigung bekäme, dort ein Tonstudio zu betreiben. Außerdem hatte ich Bedenken, dass wegen der Alleinlage in das Gebäude eingebrochen werden könnte und dass die Temperaturen dort im Winter so niedrig sein könnten, dass die empfindlichen Geräte Schaden nehmen würden. Ich war sehr froh, als ich realisierte, dass es nur ein Traum war – obgleich einiges darin gar nicht so weit entfernt war von meiner derzeitigen Realität und das Grundgefühl des Traums eigentlich schon seit ein paar Jahren an mir haftet. Die Last, die mir mein geliebtes Studio seit geraumer Zeit bedeutet, macht sich nun also auch in meinen Träumen bemerkbar.

Ich habe in meinem Leben zahlreiche Studios eingerichtet, und dieses sollte nun so etwas wie mein letztes Werk, mein Meisterstück werden: ein Studio, das ein Instrument – eben mein Instrument – werden sollte. Ich habe lange Zeit mit der Konzeption verbracht, es wurden eigens Möbel dafür entworfen und hergestellt. Nach einem Jahr musste das Studio noch einmal neu konzipiert und umgebaut werden. Jetzt ist es endlich so, wie ich es haben wollte. Es gibt nur ein Problem: Vom Veröffentlichen von Musik können heutzutage nur noch die wenigsten Künstler*innen leben. Deshalb muss man auftreten, was in meinem Fall in Form von DJ-Sets geschieht. Das heißt, ich bin viel unterwegs und eben nicht in meinem Studio. Und genau hier fängt das Problem an: Denn das Studio ist mittlerweile so gewachsen und so komplex, dass es ständiger Wartung und Pflege, ja, ich würde sogar behaupten: Liebe bedarf. Ständig geht irgendetwas kaputt oder will neu kalibriert werden. Software will aktualisiert werden, und so profan das klingt: Geputzt und aufgeräumt werden will das Studio auch.

Oft frage ich mich stundenlang, warum dieses oder jenes gerade nicht so funktioniert oder klingt, wie es soll, versuche vergeblich, die Ursache zu finden – nur um am folgenden Tag festzustellen, dass plötzlich alles wieder beim Alten ist. Man steckt an einem Tag ein Kabel um, weil man kurz etwas ausprobieren will, vergisst das aber bis zum nächsten Tag, und schon verbringt man wieder eine Stunde wie eine auf dem Rücken liegende Schildkröte unter dem Tisch auf der Suche nach einem Fehler, den man selbst kreiert hat. Ein Freund sagte mir einmal, das Wichtigste an der kreativen Arbeit sei, sich immer wieder selbst Fallen zu stellen, also dem Fehler einen guten Nährboden zu bieten, denn im Grunde verrichte dann der Fehler die Arbeit von alleine – zumindest jenen Teil der Arbeit, der aus etwas Gewöhnlichem etwas Besonderes macht. Ich teile diese Ansicht voll und ganz, nur: Um Fehler zu machen und sich selbst Fallen zu stellen, braucht es eben auch Zeit und eine gewisse Regelmäßigkeit. Und beides fehlt oft in meinem Leben.

Ich glaube, genau das nimmt mein Studio-Instrument mir übel. Ich verbringe zu wenig Zeit mit ihm, spiele zu wenig mit ihm, bin ständig nur dabei, es zu trimmen und zu stimmen. Es sind dort seltsame Dinge passiert, die mich zu der Überzeugung gebracht haben, dass es sich bei meinem Studio um einen eigenständigen Organismus handelt; um eine Entität mit dem Charakter einer Katze. Mein Studio ist nachtragend, wenn es zu lange allein gelassen wird, und liebt es gleichzeitig, eigene Wege zu gehen. Aber wenn man es nicht zu oft allein lässt und ihm seine Liebe zeigt, ist es ein wunderbares Wesen und fängt an zu schnurren.

Fakt ist: Bis mein Studio aufgeräumt ist, bis alle Probleme, so gut es geht, beseitigt sind und alles gestimmt ist, vergehen in der Regel Tage – und so kommt es nicht selten vor, dass ich mich direkt danach gleich wieder auf die nächste Reise mache. Ich bin im Moment also eher nur der Erbauer und der Hausmeister meines Instruments.

Doch neulich beim Staubwischen dachte ich: Eigentlich ist es ganz schön, sich nur darum kümmern zu müssen, dass alles läuft, und andere die (Kreativ-)Arbeit machen zu lassen. Immerhin habe ich ja auch schon viel Musik in meinem und in anderen Studios gemacht. Und ich habe ja noch ein anderes Instrument, das ich tatsächlich sehr regelmäßig spiele.

Aber das ist eine andere Geschichte.

DAS PFERD

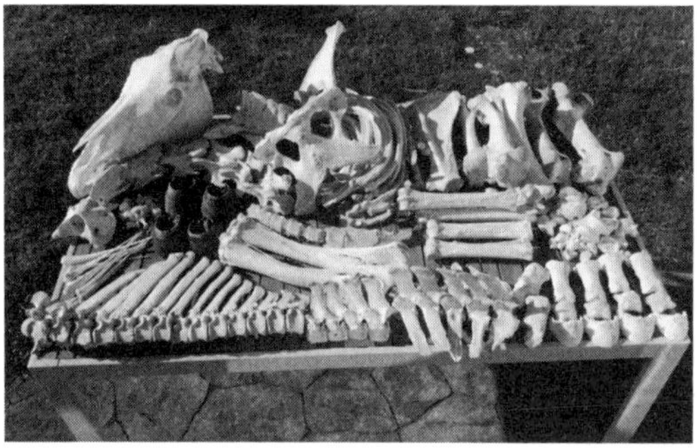

VON MATTHEW HERBERT

Durch Zufall habe ich ein Pferd gekauft. Ich wusste, dass ich ein Album mit einem Skelett machen wollte, dachte aber eher an ein Dinosaurierskelett, jedenfalls an eines, das wesentlich größer ist als ich. Beim Stöbern auf eBay stieß ich auf eine Anzeige mit dem Foto eines Pferdeskeletts – das größte damals verfügbare Tierskelett. Ein Dozent für Anatomie wanderte aus und verkaufte seine Sammlung. Das Foto war eigentlich unspektakulär, aber dennoch faszinierend, weil er das Pferdeskelett so angeordnet hatte, dass es sowohl einem Musikinstrument als auch einer musikalischen Partitur glich. Das war der Beginn einer Liebesaffäre mit diesem Skelett, die ich nie ganz überwunden habe, und im Lauf der vergangenen zwei Jahre wurde das Skelett zu meinem bevorzugten Instrument.

Mehrere Wochen lang war ich unschlüssig, was ich damit anfangen sollte. Das Skelett lag in einer Ecke meines Tonstudios, und bei seinem Anblick kam ich mir zugleich ein bisschen idiotisch und ein bisschen schuldig vor. Mit einem Mal hatte ich 205 Knochen im Studio, aber keine Ahnung, wie sie einmal verbunden gewesen waren, oder welcher Knochen wohin gehörte, ganz zu schweigen davon, wie ich mit ihnen interagieren sollte – das war eine ziemliche Herausforderung. Schließlich holte ich mir Hilfe. Mit den größten Knochen ging ich zu dem angesehenen Instrumentenbauer Henry Dagg, um zu erfahren, ob er daraus Flöten machen könnte. Wir hatten schon bei früherer Gelegenheit zusammengearbeitet, als ich einmal viel Schweineblut übrighatte: Es stammte von einem Projekt, bei dem ich das Leben eines Schweines vertonte, und er baute eine Blutorgel, die dazu gespielt wurde.

Die meisten Teile des Skeletts nahm ich mit nach London, um mit dem Schlagzeuger und Komponisten Seb Rochford von der Gruppe Polar Bear zu musizieren. Wir dimmten die Lichter herunter und versuchten zu erkunden, wie wir mit diesen Objekten arbeiten sollten, die noch keine Musikinstrumente waren, aber auch nicht mehr ganz Pferd. Sie waren nicht lebendig, aber keineswegs tot. Jeder Knochen steckte voll Bedeutung und Vergangenheit und erzählte seine eigene Geschichte. Im Körper dieser Stute hatte das Becken eine völlig andere Funktion als der Schädel. Es gibt winzige Knochen, zerbrechliche Knochen, auch Steißbeinwirbel, die irrtümlicherweise oft für Überreste menschlicher Finger gehalten werden, wenn die Polizei nach Leichen sucht. All diese Knochen bedeuten etwas anderes. Es war, als hätte ich ein brandneues Orchester geerbt – aber eines, das doppelt so groß war wie ein normales Orchester, in dem kaum eine Stimme doppelt besetzt war und in dem jedes Orchestermitglied seinen eigenen Regeln, seiner individuellen Geschichte folgte.

Doch das einzige Wesen, das sämtliche Geschichten kannte, war nun tot. Der Verkäufer wusste fast nichts über das Skelett. Offenbar handelte sich um ein weibliches Rennpferd »vom Kontinent«. Mehr Informationen besaß ich nicht, und das war äußerst frustrierend. Ich dachte, ich könnte vielleicht Pferderennen ausfindig machen, an denen es teilgenommen hatte, und Aufnahmen von Lauten entdecken, die es zu Lebzeiten von sich gegeben hatte, vielleicht sogar den Namen erfahren, den es trug. Aber da ich über all diese Informationen nicht verfügte, sah ich mich plötzlich mit der Aufgabe konfrontiert, ein lebendiges Wesen zu porträtieren, dessen Geschichte stumm und abwesend war. Dieses Leben schien im Tod ebenso unwichtig wie im Dasein, welches das Pferd damit zugebracht hatte, zum Vergnügen einer anderen Spezies um die Wette zu rennen.

Ich hatte lange überwiegend im Bereich der elektronischen Musik gearbeitet, insbesondere mit sogenanntem *s-sound** – und es entbehrt nicht einer gewissen Ironie, dass ich mich dadurch von der eigentlichen Materialität des Klangs mehr und mehr entfernt hatte. Man kann die organischsten Geräusche aufnehmen (Orgasmen, Explosionen und so weiter) – aber wenn man diese Samples technisch manipuliert, liegen schon mehrere Schichten über dem Ausgangsmaterial, bevor man überhaupt mit dem Musikmachen beginnt. Vor diesem Hintergrund war es schockierend, plötzlich etliche riesige Kisten mit übel riechenden Pferdeknochen auszupacken, von denen einige noch Fettreste aufwiesen, und zu sehen, wie brutal die Ursprünge der musikalischen Kultur und ihrer Instrumente sind. Der Verkäufer und sein Assistent hatten einen ganzen Tag gebraucht, um die Knochen einzupacken. Und diese Kisten, die ganz profan mit FedEx zugestellt wurden, steckten voll Leben und Tod. Die unmittelbare Konfrontation mit der Materialität dessen, was zumindest mir als Grundlage eines neuen Instruments erschien, war ein krasses Gegenmodell zu der fast gänzlich in Schwarz und Grau gehaltenen Kunststoff-Ästhetik der modernen Studiotechnologie mit ihren perfekt quadratisch angeordneten Reihen identischer Drehknöpfe und Schieberegler.

Die ersten Melodieinstrumente, die wir kennen, waren vermutlich Flöten, und sie waren entweder aus dem Oberschenkelknochen eines Höhlenbären oder aus dem Flügelknochen eines Geiers gefertigt. Zum ersten Mal verstand ich (hauptsächlich in meinem Körper), dass andere Körper – jene von Tieren – dem

* Klänge, die nicht mit Musikinstrumenten oder Stimmen erzeugt werden, sondern von Objekten oder aus Ereignissen stammen, die traditionell nicht als musikalisch gelten

Menschen die Werkzeuge an die Hand gegeben hatten, um Musik machen zu können: Knochen für Flöten und Häute für Trommeln.

Indem ich viel Zeit mit dem Skelett verbrachte und über die Ursprünge der allerersten Musik nachdachte, wurde mir bewusst, dass ich mit dem geplanten Album eine Geschichte der Musik erzählen würde – von Knochenflöten über moderne Flöten bis hin zur elektronischen Musik. Diese wichtige Einsicht kam nicht durch bloßes Nachdenken zustande, sondern verdankte sich größtenteils den Materialien selbst. Während meine Musikerkollegen und ich die Knochen berührten und drückten, daran rochen und rieben, fragten wir uns, wie wir sie dazu bringen konnten, konsistente und stabile Tonalitäten zu erzeugen, an die wir inzwischen bei modernen Instrumenten gewöhnt sind. Ich bat Shabaka Hutchings von der Gruppe Sons of Kemet, einen der produktivsten und großartigsten Musiker Großbritanniens, und später auch die Mitglieder des London Contemporary Orchestra, sich vorzustellen, dass sie die ersten Menschen wären, die Musik aus Oberschenkelknochen kreierten – und sie fingen instinktiv an, eine Art aufgeregten Triller zu erzeugen. Man kann diesen Ton etwa drei Minuten lang im ersten Stück auf dem Album *The Horse* hören, das ich auf Grundlage all dieser Klänge produziert habe. Beim Spielen stellten wir fest, dass die erste melodische, von Menschen gestaltete Musik wahrscheinlich schaurig, verstörend, roh und erschreckend war. Es schien unmöglich, dass unsere frühen Vorfahren in diesen neuen Tönen, die sie beim Blasen durch Bein- und Flügelknochen von Tieren hervorbrachten, nicht die unheimlichen Regungen von Tiergeistern oder des Göttlichen fühlten und damit der Vergangenheit oder der Zukunft eine Stimme verliehen. Es hörte sich überwältigend mächtig, trügerisch, ja, sogar bedrohlich an.

Ich besuchte einige der altsteinzeitlichen Höhlen bei Monte

Castillo in Nordspanien, um vor den ältesten Pferdezeichnungen, die sich dort an den Wänden befinden, die Akustik wahrzunehmen und aufzuzeichnen. Ich schmuggelte Henry Daggs Oberschenkelknochenflöten hinein, um gelegentlich ein paar Töne darauf zu spielen, hatte hinterher aber das Glück, dass mir der Archäo-Akustiker Dr. Rupert Till von der University of Huddersfield seine Impulsantworten vorführte, die er in denselben Höhlen sorgfältig erfasst hatte. Eine Impulsantwort ist eine Art von Aufnahme, die ein akustisches Signal benutzt, um die klanglichen Eigenschaften eines bestimmten Raumes aufzuzeichnen. Anschließend kann die Charakteristik dieses Raums mithilfe eines Computers über jeden beliebigen anderen Klang gelegt werden.

In diesem Fall konnten wir in meinem Studio auf dem Pferdeskelett spielen, und der Computer legte dann die genauen akustischen Eigenschaften der Höhle über diese Klänge. Wir hörten ganz genau hin, wie die von Rupert Till aus verschiedenen Perspektiven eingefangenen Impulsantworten den Klang beeinflussten: So konnten wir Mutmaßungen darüber anstellen, ob unsere Vorfahren akustisch interessante Stellen für die Zeichnungen ausgewählt hatten, sowie nach Verbindungen zwischen Architektur und Akustik suchen. Insbesondere ein Ort wies eine enorme Bassresonanz auf, die im Trommelklang des zweiten Stücks auf dem Album zu hören ist. Durch all diese unterschiedlichen Herangehensweisen und Beiträge von anderen Menschen erlangte ich einen besseren Zugang zum Thema – eben indem ich Musik machte, anstatt bloß zu recherchieren. Indem ich mich mit konkreten Materialien auseinandersetzte, anstatt mir die Dinge nur abstrakt vorzustellen.

Ich arbeitete mit etwas und hielt etwas in Händen, das einen Großteil seiner Existenz in etwas anderem zugebracht hatte; und das Gefühl, dass diese Materialien mit der Identität des Pferdes verbunden waren, dass sie ein Teil seiner Geschichte oder von seinem Geist waren, warf vielerlei philosophische und ethische Fragen auf. Es schien mir unmöglich, mit den Knochen aufzutreten oder darauf Musik zu machen, ohne zunächst ein metaphysisches Problem für mich zu klären. Damit meine ich, dass man zuerst folgende zentrale Frage beantworten muss: Sind die Knochen nichts weiter als Materie, also passive, unbelebte Gegenstände, mit denen man nach Belieben verfahren kann? Oder sollten sie als Überreste eines lebendigen Individuums angesehen und daher mit der nötigen Sorgfalt und Achtung behandelt werden, um das Individuum zu würdigen? Die erste Variante gemahnt zwangsläufig an eine Art koloniale Perspektive, der gemäß andere Lebewesen und die natürliche Welt im Ganzen lediglich als Ressourcen für das Vergnügen oder den Fortschritt der Menschheit anzusehen sind. Als ich einige der Knochen ungeschickt in einen Betonmischer warf, um jenes tumultartige Geschehen zu veranschaulichen, das Industrialisierung und Ausbeutung im zwanzigsten Jahrhundert angerichtet haben, verstauchte ich mir schlimm den Knöchel – und hatte plötzlich das Gefühl, dass mir das Pferd durch den Schmerz etwas sagen wollte: Ich solle aufhören; ich verhalte mich respektlos. Also nahm ich die Knochen heraus und legte stattdessen Pferdetrophäen, Hufeisen, Münzen mit Pferdemotiven, Peitschen und Spielzeuge in den Mischer. Gut möglich, dass das Pferd überhaupt nichts zu mir sagte – aber mittlerweile hatte die extrem enge Beziehung zwischen mir und den tierischen Überresten einen Punkt erreicht, an dem das gesamte Unternehmen sich anfühlte wie eine Begegnung, die sowohl rückwärts als auch vorwärts in ein Leben nach dem Tod führte.

Während der Aufnahmen für das Album stand ich allein in meinem Studio und schlug auf eine mit Pferdehaut bezogene Trommel. Ich blies durch die Beinknochen dieses Pferds und bespannte Streichinstrumente mit Rosshaar. Ich spürte die Reibung zwischen mir und der Welt und lernte von Neuem etwas Grundlegendes über Musik, etwas, das die ersten Musiker instinktiv gewusst haben müssen: nämlich dass Musik in all ihrer unsichtbaren, schmerzlich empfangenen Herrlichkeit das stärkste und transzendenteste Ausdrucksmittel ist, an dem wir teilhaben können. Sie ist ein Geschenk, das wir umsichtig einsetzen sollten.

DIE SCHALLPLATTEN

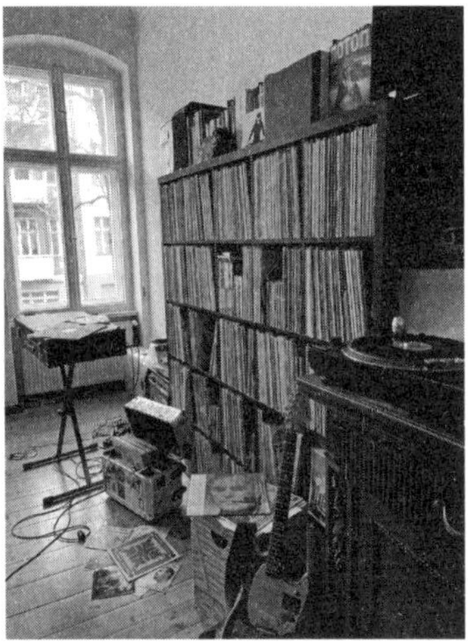

VON YURIY GURZHY

Herzlich willkommen, und schön, dass ihr da seid! Kommt ruhig herein … aber seid bitte vorsichtig, es liegt hier überall etwas herum, hauptsächlich Schallplatten. Genau, das ist mein Studio. Und natürlich könnt ihr euch setzen, aber dieser Stapel Platten auf dem Stuhl da sollte dann besser woandershin … egal, dort, wo noch Platz ist … Obwohl, ich gebe zu, es ist schwierig, eine freie Ecke in diesem Raum zu finden.

Jawohl, das auf den Regalen und auf dem Tisch sowie auf dem Boden: Das sind alles meine Platten. Ich sehe mich nicht als klassischen Sammler, und meine Sammlung ist wahrscheinlich nicht besonders hochwertig, da ich weder nach Originalpressungen suche noch darauf achte, dass die Platten in perfektem Zustand sind. Sie sind jedoch nicht nur meine Leidenschaft, sondern, wenn man so will, auch mein Musikinstrument – und eine unerschöpfliche Inspirationsquelle. Je nach Situation höre ich griechisches Rembetiko aus den Zwanzigerjahren oder usbekischen Jazz, alte Kantor-Aufnahmen aus dem New York der Zwischenkriegszeit oder wilden brasilianischen Progrock aus meinem Geburtsjahr. Ich lege die Platten als DJ auf, ich sample Fragmente davon, ich scratche und drehe sie manchmal manuell im falschen Tempo oder rückwärts, um Klänge zu erzeugen, die kein anderes Musikinstrument von sich geben kann.

Damit habe ich bereits ganz früh angefangen. Laut meiner Mutter soll es in unserem Familienarchiv Fotos geben, die mich im Alter von drei oder vier Jahren mit meinem Lieblingsspielzeug zeigen: zwei Topfdeckeln. Die Faszination für meinen Opa, der eine beachtliche Schallplattensammlung hatte, war so groß, dass ich unbedingt so tun wollte, als ob ich selbst auch »auflegte« – also saß ich stundenlang auf dem Küchenboden und drehte wie wild an den Deckeln.

Mein Opa hatte als Jugendlicher davon geträumt, Musiker zu werden. Doch dann kam der Zweite Weltkrieg, und als er vor den Nazis flüchtete, wurde ihm irgendwo zwischen Rostow und Taschkent die Geige gestohlen. Nach dem Krieg entschied er sich fürs Zahnarztstudium, aber die Musik blieb über all die Jahre hinweg seine große Leidenschaft. Er besaß Hunderte von Kassetten und sammelte Platten, die er bei jeder passenden und unpassenden Gelegenheit anderen Leuten vorspielte. Und sein Publikum waren vor allem wir, seine Familie. Bis zu meinem dreizehnten Lebensjahr, das heißt bis 1988, lebten meine Großeltern, meine Eltern, meine Schwester und ich nämlich in einer – viel zu engen – Dreizimmerwohnung in der Straße des 23. August in Charkiw zusammen. Und ja, bei uns lief immer Musik!

Diesen japanischen JVC-Kassettenrekorder, den ihr da oben auf dem Regal seht, erwarb mein Opa, als ich fünf Jahre alt war – erst viel später wurde mir klar, dass es sich um eine klassische Boombox handelt: Mit solchen und ähnlichen Geräten posierten die Rap-Pioniere aus der Bronx auf Fotos der frühen Achtzigerjahre. Ich kann mich noch erinnern, wie die Lautstärke dieses Geräts meine Oma und meine Mutter in den Wahnsinn trieb. Ich war jede zweite Woche krank und blieb mit den Großeltern zu Hause. Statt mir vorzulesen oder für mich den Fernseher einzuschalten, setzte mich Opa vor diesen Ghettoblaster und spielte mir seine Top 10 vor.

Zur selben Zeit bekam ich auch meinen ersten eigenen kleinen Mono-Plattenspieler geschenkt und wurde bald zum stolzen Besitzer einiger Hörspiele auf Schallplatte. Jahrzehnte später, als ich selbst Vater wurde, hörte ich sie mir erneut an – dieses Mal im Internet, da die Schallplatten aus meiner Kindheit leider verloren gegangen sind – und war von manchen der darin enthaltenen Lieder tief beeindruckt. Heute erscheint es mir, als ob diese Hörspiele eine Art Spielwiese und Experimentierfeld für Komponisten und Musiker waren, die in der Sowjetunion Propagandapop produzieren mussten. Man kann förmlich spüren, dass sie bei den Aufnahmen Spaß hatten, vielleicht etwas getrunken oder gar etwas anderes konsumiert haben. Es gab in der UdSSR zwar keine psychedelische Musik, aber die Kinderschallplatten kamen diesem Genre wohl am nächsten. Manchmal klingen die Songs zu den *Märchen der Völker der Sowjetunion* so unwiderstehlich funky und schräg, dass ich mir wünsche, sie mal aufzulegen. Doch wo findet man Freaks, die zu so einer Party kommen würden?

Die Mixtapes meines Opas sind ein Beweis für seinen eklektischen Musikgeschmack – einige davon habe ich immer noch, und jedes Mal, wenn ich auf eine Kassette stoße, amüsiere ich mich über die Tracklisten. Oft hinterließ mein Opa lediglich Stichwörter anstelle von Songtiteln, was dann etwa so aussah:

Migel Ramos (Elektroorgel)
Besamemutscho
TANGO
Yiddish!
Chingiz Han – Moskau
Havanagila (Trompete)

Das Hören westlicher Musik war in der Sowjetunion der frühen Achtzigerjahre übrigens keineswegs unbedenklich. Einige bekannte Bands aus dem Westen, die ihre Alben nicht über die einzige sowjetische Plattenfirma Melodija veröffentlichten, landeten sogar auf einer Blacklist, die von den regionalen Komsomol-Ausschüssen verbreitet wurde. Angeblich propagierten diese Musiker*innen falsche, das heißt antisowjetische Werte. Heute kann man diese Liste problemlos online finden; jeder dort aufgeführte Bandname, geschrieben in kyrillischen Buchstaben, ist mit einer detaillierten Erläuterung versehen:

Блек Сабат (Black Sabbath) – Gewalt, religiöser Obskurantismus
Ай Си Ди Си (AC/DC) – Gewalt, Neofaschismus
Кэнед Хит (Canned Heat) – Homosexualismus

Soweit ich mich erinnern kann, hat mein Opa mich bereits als Kind mit mindestens drei Titeln von dieser Schwarzen Liste beschallt: mit dem Neofaschismus von Хулио Иглесиос (Julio Iglesias), mit dem Antikommunismus und Nationalismus von Чингиз Хан (Dschinghis Khan) und, als ob das alles nicht genug wäre, auch noch mit dem Erotismus von Донна Саммер (Donna Summer).

Meine eigene musikalische Leidenschaft entfachte sich erst, als ich in die Teenagerjahre kam. Es geschah durch Zufall: Ich stolperte beim Fernsehen über einen kurzen Filmausschnitt aus *A Hard Day's Night* – das war ein Moment, der mein Leben für immer veränderte. Nachdem ich meine erste Beatles-Platte von meinem Großvater bekommen und sie bis zum Ende gehört hatte, träumte ich nur noch davon, selbst solche Musik zu spielen. Schon wenige Tage später saß ich mit einer Akustikgitarre in meinem Zimmer und übte fleißig die vier Akkorde, die mir jemand auf einem zerknitterten Zettel skizziert hatte. Und ich lud alle meine Kumpels zu mir ein, um das Album zusammen anzuhören. Pure Magie, vierzig Minuten von absolutem Glück – das musste ich unbedingt mit den anderen zusammen feiern!

Ich ahnte, dass das erst der Anfang war und dass irgendwo da draußen mehr Musik auf mich wartete, die noch entdeckt werden wollte. Aber wie sollte ich sie finden? In den sowjetischen Plattenläden beschränkte sich das Angebot auf die Produktionen der bereits erwähnten Firma Melodija. Die nicht sowjetischen Schallplatten gab es zwar auf dem Schwarzmarkt, aber die deutschen, französischen und britischen kosteten ein Vermögen. Meine Sammlung bestand daher hauptsächlich aus Melodija-Veröffentlichungen, von anderen Platten konnte ich nur träumen.

Im Jahr 1992, während meiner Studienzeit an der Uni, ergatterte ich meinen ersten Job: Acht bis zehn Stunden am Tag durfte ich als Moderator auf einem der ersten unabhängigen Rundfunksender in Charkiw, die Ukraine hatte im Jahr zuvor ihre staatliche Selbstständigkeit erlangt, Musik spielen und kommentieren. Ein Traum! Ich konnte Stücke, die mich faszinierten, anderen Menschen vorspielen, die sie wahrscheinlich noch nie gehört hatten – und bekam auch noch Geld dafür! Nun ja, um ehrlich zu sein: Viel Geld war es nicht – nur dreißig Dollar im Monat. Dennoch waren die wenigen neuen Radiosender in der Stadt damals sehr beliebt, was uns Moderatoren kleine Boni einbrachte. Viele Taxifahrer erkannten zum Beispiel unsere Stimmen und ließen uns kostenlos mitfahren, und ein paarmal wurden wir für Schulabschlussfeiern als DJs engagiert. Aber wenn mir damals jemand prophezeit hätte, dass ich zu Beginn des nächsten Jahrtausends Menschenmengen in Berlin, Tel Aviv, New York und Tokio zum Tanzen bringen würde, hätte ich herzlich gelacht.

Kaum sechs Jahre später legte ich zum ersten Mal bei einer Party in Berlin auf. Das ergab sich beinahe zufällig: Wir saßen in der Küche meines neuen Kumpels Wladimir in Prenzlauer Berg, tranken Bier und unterhielten uns über Musik – so wie wir das schon seit Monaten allwöchentlich taten. Plötzlich klingelte das Telefon, und Sebastian, der Betreiber des Café Zapata im Kunsthaus Tacheles, schlug Wladimir für den kommenden Samstag eine Lesung in seinem Laden vor. Die Band, die eigentlich an diesem Abend hätte spielen sollen, hatte unerwartet abgesagt, und er dachte an Wladimir, der zu dieser Zeit erste Erfolge mit seinen Kurzgeschichten auf Berliner Lesebühnen feierte. Die Idee, im Zapata vorzulesen, klang aber irgendwie falsch: Schließlich handelte es sich eher um einen Punk-Schuppen, in dem man keine aufmerksame Zuhörerschaft erwarten durfte. Wladimirs Frau Olga meinte, dass etwas Unterhaltsames eher passen könnte – vielleicht eine Disco? Immerhin verfügten wir beide über beeindruckende Musiksammlungen. Warum eigentlich nicht?, dachten Wladimir und ich und legten im November 1999 zum ersten Mal gemeinsam auf.

Wir ahnten, dass unsere Musik höchstwahrscheinlich niemand sonst in dieser Stadt spielen würde: osteuropäischen Ska-Punk; jüdisch-ukrainische Hochzeitshits; schräge sowjetische Schlager aus den Sechzigerjahren. Ein skurriles Konzept für einen vergnüglichen Abend mit zwei Spaßvögeln, die weder selbst in Discos gingen noch eine klare Vorstellung davon hatten, zu welchem Sound die Berliner*innen abgehen würden – aber zu unserer eigenen Überraschung funktionierte es erstaunlich gut! Bald darauf wurde uns ein regelmäßiger Slot im Programm des neu eröffneten Kaffee Burger in der Berliner Torstraße angeboten, und ab Dezember 1999 legten Wladimir und ich dort jeden zweiten und vierten Samstag im Monat auf – die Wochenenden dazwischen waren wir, meist gemeinsam, an anderen Orten der Welt unterwegs. So ging das insgesamt vierzehn Jahre.

Ich kann all meine Auftritte im Kaffee Burger unmöglich zusammenzählen, aber ich würde stark vermuten, dass ich zwischen den Jahren 2000 und 2013, abgesehen von meiner eigenen Wohnung, nirgendwo auf der Welt so viel Zeit verbracht habe. Wenn man hereinkam, befand sich linker Hand die Theke – zur Rechten öffnete sich ein eher spärlich beleuchteter, nicht allzu großer Raum mit einer Bühne und einer minderwertigen Soundanlage, die aufgrund fortwährender Beschwerden der Nachbarn nie die angemessene Lautstärke erreichen durfte. Der Alkohol war billig, die Luftqualität immer schlecht – trotz einer Lüftungsanlage, die an den Fenstern angebracht war. Das Blumenmuster der Velourstapete werde ich nie vergessen. Auch nicht die Momente, in denen der Schweiß von der Decke auf uns DJs tropfte, während der Laden überquoll.

In diesen Jahren stellten wir einige Musikkompilationen zusammen, gründeten eine eigene Plattenfirma und moderierten bei Radio Multikulti eine Sendung namens *Russendisko Plattenkiste*. Aber Schallplatten im engeren Sinn haben wir nie produziert, und wir haben sie auch nicht aufgelegt: Die Musik, die wir spielten, brachte das Publikum derart in Fahrt, dass bei unseren Partys jedes Mal der Boden bebte – kein Plattenspieler der Welt hätte solche Vibrationen verkraftet. Das robusteste Medium, das wir beim Auflegen verwendeten, waren Mini-Discs: Die machten wirklich alles mit, auch die wildesten Sprünge der Menge. Das war eine großartige Zeit – aber sie ging zu Ende, als Russland die Krim annektierte und der Krieg im Donbas begann. Das Russendisko-Soundsystem war damit Geschichte: Es war für mich einfach unvorstellbar geworden, unter dem Namen »Russendisko« weiter Musik aufzulegen.

Der Krieg in meiner Heimat, der bis zum 24. Februar 2022 von der Weltöffentlichkeit weitgehend ignoriert wurde, dauert inzwischen über zehn Jahre an. Alle Projekte, an denen ich in den vergangenen zwei Jahren gearbeitet habe, haben eine Verbindung zur Ukraine und ihrer Kultur. Gemeinsam mit meinem Freund und Kollegen, dem ukrainischen Autor und Musiker Serhij Zhadan, habe ich beispielsweise letztes Jahr ein Reggae-Album aufgenommen, auf dem wir Texte von Hryhorij Skoworoda, dem Vater der ukrainischen Philosophie, vertonen. Bei den Aufnahmen wurden wir von fünfunddreißig Musikern aus meiner Heimatstadt Charkiw unterstützt.

Häufiger als sonst durchforste ich in letzter Zeit dieses Fach ganz rechts in meinem Plattenregal, in dem ukrainische Musik zu finden ist. Manchmal suche ich nach Samples. Manchmal höre ich auch einfach nur die Platten an und denke über die Geschichten nach, die hinter jeder einzelnen stecken.

Da wäre zum Beispiel das Album *Chorgesang aus der Ukraine – Es singt und spielt der ukrainische Banduristen-Chor*, erschienen bei Decca 1959. Diese Kapelle wurde zu Beginn des Zweiten Weltkriegs aufgelöst, weil fast die gesamte Besetzung an die Front entsandt wurde …

Oder hier, die Platte *Пісні Володимира Івасюка співає Софія Ротару*, erschienen bei Melodija im Jahr 1977: Die Sängerin Sofija Rotaru sieht auf dem Coverfoto wie eine Siebzigerjahre-Hippie-Göttin aus. Auf diesem Album interpretiert sie Lieder von Wolodymyr Ivasjuk, dem ukrainischen Burt Bacharach. Im Alter von nur einundzwanzig Jahren schrieb Ivasjuk das Lied »Chervona Ruta«, den größten ukrainischen Hit des zwanzigsten Jahrhunderts. Mit dreißig verstarb er unter mysteriösen Umständen, angeblich durch Suizid.

Oder hier: *Kobzareva Duma* vom Shapoval Sextet (Shukai, 2020). Das ist eine Art psychedelische Jazz-Rock-Suite, die live beim Donetsker Jazz-Festival 1976 aufgenommen wurde. Inspiriert wurde das Album von der Lyrik des größten ukrainischen Dichters des neunzehnten Jahrhunderts, Taras Schewtschenko.

Oh, das hier ist eine sehr amüsante Nummer: *The Wedding Present – Ukrainian John Peel Sessions* (RCA, 1989). Als die britische Indie-Band eingeladen wurde, für die legendäre BBC-Sendung von John Peel ein paar Songs aufzunehmen, ließ sie sich etwas ganz Besonderes einfallen. Da eines der Bandmitglieder ukrainische Wurzeln hat, spielten sie bei ihrer Session ausschließlich eigene Arrangements ukrainischer Volkslieder. Auch bei weiteren Aufnahmen folgten sie diesem Konzept.

Und zu guter Letzt: *Кобза II*, das zweite Album von Kobza,

das habt ihr sicherlich schon mal gehört (Melodija, 1978). Die Musiker kamen aus Kyjiw und waren vom Folk-Rock aus dem Westen inspiriert. Also gründeten sie eine Band, in der die E-Gitarre durch das ukrainische Nationalinstrument, eben die Kobza, ersetzt wurde. Neben Volksliedern spielten sie auch eigene Kompositionen; ihre einzigartige Mischung aus traditioneller Musik, Psychedelic Rock und Funk klingt bis heute absolut frisch und einzigartig …

Wie jetzt – ihr kennt diese Platte gar nicht? Dann hoffe ich, dass ihr ein bisschen Zeit mitgebracht habt. Denn ich kann euch unmöglich gehen lassen, bevor ihr diese Perle gehört habt. Also Schluss mit dem Gerede: Lasst uns eintauchen in eine andere, eine farbenfrohe und um einiges bessere Welt! Ich wünsche euch einen guten Trip.

DIE KLAVIATUR

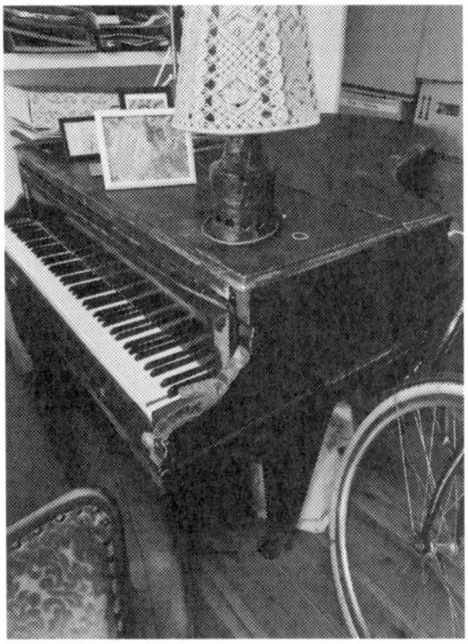

VON SEBASTIAN KRÄMER

Manchmal kommt es vor, daß ich als »Pianist« bezeichnet werde. Mit etwas Glück habe ich noch Gelegenheit, die Sache richtigzustellen. Ich ein Pianist! Das ist etwa so, als würde man einen Taxifahrer für einen Formel-1-Piloten halten.

Der Taxifahrer kennt Schleichwege, muß andere Verkehrsteilnehmer austricksen und seine Passagiere sicher durchs Straßendickicht manövrieren. Ein wenig Autoscooter-Waghalsigkeit gehört genauso zum Profil wie die Nonchalance, mit der der linke Ellenbogen auf der heruntergekurbelten Scheibe sonnenbadet; nicht zuletzt konversiert er während der Fahrt, besticht als Politbarometer, Psychotherapeut und Talkmaster und gibt am Ende acht, daß er nicht um seinen Verdienst geprellt wird.

Nichts davon muß der Rennfahrer tun; dafür leistet er im Angesicht astronautischer Geschwindigkeiten und damit einhergehender physischer Belastungen Präzisionsarbeit im Wettbewerb mit der Weltelite. Doch auch wenn man vom elitären Gesichtspunkt absieht, die Tätigkeiten fußen auf grundverschiedenen Ausbildungen.

Schon der auf Musikschulniveau rangierende Klavierlehrer, nein, schon der überhaupt zum Musikstudium zugelassene Schulabgänger beherrscht profund andere Dinge auf dem Instrument als ich. Neben seinem täglichen Training technischer Fertigkeiten ist er es gewohnt, mit Musik in ihrer Eigenschaft als sogenannter Literatur, die erarbeitet werden will, in Beziehung zu treten, was sowohl eine größtmögliche Entsprechung des von ihm erzeugten klanglichen Gebildes zu einem gegebenen und über jede Kritik erhabenen Notentext als auch, im Idealfall, eine eigenständige künstlerische Interpretation bedeutet, welche ebenfalls in ein und demselben klanglichen Gebilde aufscheinen möge.

Vom Fehlen jeglicher pianistischer Technik mal abgesehen, ist meine Beziehung zur Musik doch eine sehr andere. Noten gibt und gab es für mich immer erst, insofern und falls ich sie selber aufgeschrieben habe. Dies meist nicht gern, denn ich finde die Notenschrift zu ungenau, oder im Gegenteil: übergenau, insofern sie stets verlangt, sich zwischen Fis und Ges oder Ces und H zu entscheiden, was in den meisten Fällen zwar möglich sein mag, den Tastenkomponisten jedoch eigentlich gar nichts angeht. Er meint immer beides zugleich.

Man hat mir öfter mitgeteilt, lobend oder tadelnd, daß ja so viele Tonarten in meinen Liedern vorkommen, so unerhört darin gerückt und moduliert werde – man ergänze: wo das doch für Lieder und deren Verständlichkeit gar nicht erforderlich sei. Ich hingegen habe schlicht nie eingesehen, was in aller Welt ein Klavierstück damit im Schilde führen mag, *from dusk till dawn* bei derselben Grundtonart zu verweilen, wo es doch auch ganz anders könnte in einer freien Tonwelt ohne Mauern.

Die Klaviere meiner Kindheit, die ohne mich den lieben langen Tag nur zahnreich vor sich hingegähnt hätten, zogen mich spiritistisch an, aber mich auf der Beethoven-Bank einzufinden brachte anfangs kaum zum Vorschein, was sie eigentlich von mir wollten. Auf dem Pult stand keine Klavierschule, die mich mit Maus und Elefant durch das ABC des Pianierens geleitet hätte, und mich erwartete auch keine wöchentliche Frau Krachwutzowa mit in der Faust zuckendem Lineal und Eierlikörfahne. Ich bestaunte die Unlogik der Klaviatur, das unschöne Übergewicht an weißen Tasten (welcher Teufel hatte nur das H geritten, sich weiß lesen zu lassen!), auf eigene Gefahr – ebenso das Geheul der angeschlagenen Saiten, die den akustischen Raum enterten wie Schweine, vom Bauern aus der Scheune getrieben, einzeln oder aneinandergekletscht torkelnd, sich irgendwohin fallen lassend. Zart zu tänzeln war ihre Sache nicht. Erst später folgten geschmeidigere Tauben, anschmiegsame Kätzchen …

Der geneigte Leser möge verzeihen; gerade ist es die Metaphorik selbst, die da torkelt und plumpst und trotz possierlichem Personal sich noch wenig anschmiegsam an ihren Gegenstand erweist. Aber das ist es eben! Immer wieder haben Schriftsteller versucht, Musik nach- oder vorauszudichten, aber im besten Fall haben diese Versuche ihren eigenen Klang, ihr eigenes Gelände erschlossen, nie das der Musik. Sie ist, gerade wenn sie noch gesucht wird, ertastet, befühlt, austariert, kaum greifbar – wie ein Traum, der, wenn er auch dem eben erst Erwachten noch vor Augen steht, dennoch nicht integrierbar ist in seine Welt, sich vielleicht noch etwas weiterträumt, aber disparat zu Begriffen und Vorstellungen. Träumen kommt der Sache in mancher Hinsicht nah, doch nicht wie in Schumanns »Träumerei«: ein bißchen schmunzelnd, ein bißchen melancholisch und von mundgerechter Dauer – was freilich nur daran liegen mag, daß auch dieses Stück irgendwann eine feste Form annehmen mußte, um Stück zu sein, notier- und somit anderen erlernbar. Als Robert Schumann seine Träumerei wirklich noch *träumte*, mag sich das über Stunden oder Tage erstreckt haben.

Was ich an der Klaviatur erlebte, erwuchs rein aus der Disposition der Tasten, der Haptik der Akkorde, der schwarzen Berge und weißen Täler, deren Abstand sich durch Niederdrücken der Täler verstärkte, der Berge nivellierte – und dort blieb es.

Dieses »dort« hatte vor allem zwei Gesichter. Da war zunächst ein klobiges Hochkantklavier schlichten Gemüts, von väterlicher Seite eingeschleppt, das wie ein unsteter Student von Raum zu Raum zog, aus Verzweiflung einmal gar die Farbe wechselte; aber niemand wollte es lange bei sich haben. Endstation Diele. Die meist ungeheizte Halle unseres alten Fachwerkhauses warf vereinzelte Versuche zaghaften Musizierens auf dem alten Schrank höhnend von Wand zu Wand.

Indes residierte und empfing weihevoll in dem ganz im Biedermeierdekor eingerichteten Musikzimmer ein schon seit Anbeginn der Zeit hundertjähriger Ibach Glockenflügel. Mit dieser Bezeichnung ist eigentlich die außergewöhnliche symmetrische Bauform *ohne* die für Flügel sonst typische Bucht gemeint, die dem Zweck dient, ziellos treibende Saxofonisten oder Sängerinnen anzusammeln. Da solche jedoch ohnehin nicht durch das Faulensieker Anwesen drifteten und sich das runde Ende des stets geschlossenen Instruments, seine Nase respektive Gesäß, in finsterere Tiefen des Zimmers zurückzog, von allerlei Gerümpel bewohnt, so daß seine besondere Form gar nicht weiter auffiel, hielt ich den Namen lange für eine Illustration seiner Klangeigenschaften. Denn mächtig wie große Glocken schwangen die Baßsaiten, bimmelnd wie die Glöckchen an Hälschen von Osterhäschen flirrte der Diskant. Die Glockenbauweise ist eine Unterart der Stutz-Kategorie, betrifft also kleine Exemplare; dennoch war der Glockenflügel meines Elternhauses für mich eine Majestät, ein Titan, ein Klangpalast oder eben: eine riesige Glocke, an der man selbst zum Klöppel wurde wie Kater Tom im Cartoon, wenn er auf der Flucht vor Spike, der Bulldogge, zu schnell die Wendeltreppe des Kirchturms hinaufgepest war.

Ich weiß noch, daß dieser Flügel mir – vielleicht, als ich acht oder zehn war – das Laufzeit-Stereo-Prinzip (räumliches Hören) erschloß in einer kleinen Epiphanie, die ich durch das Anschließen meiner Kopfhörer und zweier bei Fernseh-Meier in Vlotho an der Weser gekaufter Kondensator-Elektret-Mikrophone an meinem Kassettenrecorder auszulösen vermochte. Der Furor, die rauschhafte Heiterkeit, als ich beide Kanäle scharfmachte, war nur dem frischen Atemzug durch ein nach langer Verschnupfung plötzlich befreites Nasenloch vergleichbar; ich *hörte* den ganzen Innenraum, die Anatomie des Flügels, die federnden Filze, *hörte* Sonnenwinde sein Gebälk durchtanzen. Nun hielt ich beide Mikros noch in den Händen, spielte keinen einzigen Ton. Doch meine Ohren wuchsen in den Körper des Flügels hinein. So lauschten wir für einen Moment wortlos auf- und ineinander, der Ibach und ich, hüteten, wie man eine Sandburg mit nassen Händen betupft, die Plastik der Erwartung, die knisternde Stille, das stumme Beben eines bis auf den letzten Platz gefüllten Konzertsaals, bevor der Dirigent die Schwingen hebt.

Der Flügel ist ein Stereo-Instrument. Er huldigt dem Dualismus von Fundament und Garnitur, von Caramba und Kalimba. Der Spieler sitzt vor dem die Systeme spaltenden Schlüssel-C, und seine Ohren spannen sich in Richtung Unter- und Oberwelt.

Doch hieße Stereo wirklich nur, daß sich Klangereignisse auf die beiden Ohren *verteilen*, durch unterschiedliche Lautstärken, so würde man Gepolter und Geklingel, Baß und Melodie eben: verteilt hören. Aber so hört zum Glück kein Mensch. Man sieht auch nicht den links gelegenen Baukran mehr mit dem linken, die Kaufhalle rechts davon mehr mit dem rechten Auge. Beides sehen beide Augen nahezu gleich groß, aber aus einem anderen Winkel. Diese Andersartigkeit steigt an, je näher die Objekte dem Betrachter stehen. So erschließt sich im Sehen ein dreidimensionaler Raum. Die Ohren leisten Ähnliches, indem sie minimale Zeitdifferenzen klanglicher Geschehnisse verwerten. Man mag es mir glauben oder nicht, dies alles verstand ich in jenen wenigen Sekunden des Lauschens in die Tiefen des Ibachs mit meinen zu Mikrofonen ausgebauten Ohren, zu Ohren mutierten Mikrofonen, noch bevor ich die Torte anschnitt, Wasser in die Wanne ließ, Bienen in die Weite der Wiese …

Die Tonaufnahme, die dieser Erweckung folgte, ist wahrscheinlich noch in einem Berg aus Kassetten eingeschlossen: ein kleiner Walzer oder Ragtime mit ein paar mehr oder weniger charmanten Schwebungen in Stereo.

Während meine Fähigkeiten, Melodien aus Funk und Fernsehen nachzuspielen, sowie eigene Liedchen oder bahnbrechend berückende Ideen für ganze Sinfonien, die freilich nie geschrieben wurden, wuchsen, kam der Glockenflügel im selben schleichenden Tempo immer mehr auf den Hund. Drei- oder viermal habe ich im Rahmen von Jahrzehnten erlebt, daß er gestimmt wurde. Einmal soll eine Art Instandsetzung vorgenommen worden sein, die angeblich fünfstellige Geldsummen verschlang, den chronischen Leiden des Instruments aber kaum oder nur kurzzeitig Linderung verschaffte. Das feuchte Haus (der ewige Schuldige in so vielen Anklagepunkten) inmitten urwaldartiger Vegetation mit direkt neben dem Musikzimmer rangenden Ranken war in der von ihm systematisch betriebenen Verschimmelung, Verrottung und Aufdinsung sämtlicher Bestandteile des Ibach-Flügels hartnäckiger und nachweislich erfolgreicher, als jede noch so liebevolle Pflege und Restauration es hätten sein können.

Zwischenzeitlich fand ein historisches Fender Rhodes Mark I, das man als E-Celesta bezeichnen könnte, mit von mir kaum gewürdigtem Funk-Kultfaktor den Weg in mein Jugendzimmer. Ich zerlegte es einige Male und dokterte mit Klebemasse an den schon arg eingekerbten Gummihämmern herum, umging den werkseitigen Röhrenverstärker, um es an den Phonoanschluß eines kleinen DJ-Mixers (ebenfalls aus dem Regal von Fernseh-Meier) zu klemmen, entnahm dem Korpus die Harfe aus in Reihe geschalteten Gruppen von Stimmgabeln und behämmerte sie mit einem Glockenspielklöppel – aber sonst ging's mir gut.

Das Rhodes im Gepäck, Gevatter Ibach aber in seinem Elend zurücklassend, erklomm ich nach der Schulzeit Berlin und erwarb dort ein Clavichord (das Silent Piano des achtzehnten Jahrhunderts) von Wittmayer, mit dem ich sogar auf Tour ging, sowie wiederum dessen elektrisches Pendant, ein Hohner Clavinet.

Das Clavichord ist ein zartes Wesen. Die einchörigen Saiten werden lediglich angetippt, was ein schmächtiges Zirpen ergibt, das je nach (fast möchte man sagen seelischem) Druck in ein Wimmern oder Jaulen übergeht, also seismographisch empfindsam auf den Anschlag reagiert, dafür aber auf keine Stimmung festzulegen ist. Man kann darauf sehr ausdrucksvoll, aber kaum sauber spielen. Schlägt man jedoch die frei schwingenden Saiten der je niedergedrückten Tasten mit der rechten Hand über dem Schalloch, wird das Clavichord mit einem Mal ernstzunehmend laut und klingt fast wie ein Banjo. Diese Technik habe ich selber erfunden. Sie ist bislang sowohl von Spezialisten für Alte Musik als auch in der Banjo-Szene komplett unbeachtet geblieben.

Ist es nicht erstaunlich, wie phantasielos man im Allgemeinen mit Musikinstrumenten verfährt? Damit nur ja der Blues wie der Blues und Bach wie Bach klingt, pilgern die Menschen in unterschiedliche Etagen des Musikfachhandels, um mit den jeweiligen Spezialwerkzeugen zur professionellen Vermehrung der Langeweile in der Welt wieder herauszumarschieren. In dem Bereich, in dem ich tätig bin, der Kleinkunst (ein Begriff, den ich mit Stolz verwende, obschon er in der Nazizeit amtlich wurde), macht man aus dem Gerümpel, das gerade rumsteht, das Beste, begleitet wie Erwin Grosche seinen Gesang mit einer Packung Nudeln oder wie Christof Stählin mit den Schmatz- und Knackgeräuschen, zu denen die eigenen Hände nach etwas Übung fähig sind.

Auf einem Klavier habe ich zur Durchführung meiner Darbietungen meist bestanden, einem echten, mit richtigen Saiten. Und so empfahl es sich, auch ein solches zu Hause in Berlin zu haben. Im Anzeigenteil des Stadtmagazins *Zitty* fand ich für dreihundert Mark VB einen Flügel des Königlichen Hoflieferanten Hagspiel & Comp. zu Dresden. Kaninchen hatten eine Zeitlang darin gehaust und eines seiner Beine vertilgt. Das Bein konnte durch eine Prothese für weitere dreihundert Mark ersetzt werden, aber auf dem Resonanzboden tanzen zum Klang der Saiten bis heute die Kaninchenköttel wie der Teppich einer Snare-Drum. Soviel zum Thema Artgerechte Haltung von Musikinstrumenten.

An Ramponiertheit blieb der zudem unfachmännisch abgebeizte Hagspiel unerreicht, ein Bild des Jammers! Doch dieser räudige Köter, dieses Musikalische Opfer, dieser Clochard unter den Grand Pianos, dessen Tastenoberflächen nicht einmal den Versuch machten, an Elfenbein zu erinnern, war: mein erster eigener Flügel! Und in der mit Sisalteppich ausgelegten Studentenbude auf einem umgedrehten Papierkorb als Hocker daran eine Persiflage der Eröffnungstakte aus Tschaikowskis erstem Klavierkonzert zu kloppen, mit kritischem Blick auf die Zuckungen des Ehrmann-Joghurts, für den diese Melodie damals (vielleicht noch nicht) warb, auf dem Notenpult, hatte etwas Erhabenes.

Ich schließe die Liste der holzbeinigen WG-Genossen hier. Meine eigentlichen Mitstreiter stehen ohnehin anderswo, landesweit verteilt …

Du betrittst gegen siebzehn Uhr das Kulturzentrum, den Ratssaal oder die Alte Maschinenhalle, in der dein Auftritt noch am selben Abend stattfinden soll, und begrüßt erst mal den Kollegen namens Trautwein, Young Chang oder Seiler – seltener Steinway & Sons, Bösendorfer oder Fazioli. Im Idealfall seid ihr beide komplett erschienen, du mit allen zehn Fingern, er mit achtundachtzig Tasten und erkennbar zugeordneten Tönen. Du bist noch mitten in deinem Nachmittagstief, er etwas verärgert, weil ihn der Klavierstimmer unnötigerweise auf 443 Hertz hochgepeitscht hat, aus Rache dafür, daß du versäumt hast, im

Vorfeld dem Veranstalter deine Wunschfrequenz mitzuteilen. Also ist der Kollege auch auf dich ein wenig sauer, reagiert mit Tonausfällen auf die Betätigung des linken Pedals und nicht gerade geschmeidig auf ambitionierte Repetitionen.

Doch all dessen ungeachtet, sind es meist – du hast dich kaum hingesetzt! – gleich die ersten Sekunden, in denen er bereits eine Idee reinwirft, die du sofort wiederholen mußt, um sie nicht zu vergessen. Sie hat ihm schon ein Weilchen auf den Nägeln gebrannt, vielleicht wochenlang, allein es fehlte die Gelegenheit, sie loszuwerden, der willfährige Scribent. Aber nun bist ja du gekommen. Eigentlich hast du anderes zu tun, der Techniker scharrt schon mit den Hufen, um deine Stimme einzupegeln; und ein wenig üben mußt du auch noch, weil es sonst in mindestens zwei Songs wieder hakt – aber nein, jetzt *muß* erst mal dieser musikalische Gedanke, um den sich kaum mehr als die dunkle Ahnung einer möglichen Verwendung rankt, ausformuliert und zumindest mit dem Handy aufgezeichnet werden. Die Mußestunden zu Hause am eigenen Instrument waren dafür wohl nicht geeignet, was? Nein, wie auch! Von *diesen* Tönen weiß nur dieser karamellene Klimper-Schimmel, dieser dumpfe, frühwelke Boston oder dieser bespielbare Kerzenleuchter von Grotrian Steinweg.

Von manchen Melodien könnte ich heute noch sagen, aus welchem Holz sie erstmals aufstiegen, habe wieder den Kleintierstallgeruch des Hagspiel in der Nase, während ich sie an gepflegteren Apparaten heraufbeschwöre; einige zeigen unverkennbar die Handschrift des Glockenflügels, andere konnten mir nur am Clavinet zufliegen.

Wenn Musik klingendes Denken, rhythmisiertes Fühlen und eben ein Träumen ohne Bilder ist, so kann ich nicht allen Ernstes der Meinung sein, daß es sich bei meinen Kompositionen wirklich um die meinen handelt. Hirne von ein bis zwei Kubikmetern Durchmesser, Herzen mit Kanälen zu mindestens zwei Pedalen zeichnen dafür verantwortlich und – speziell was das Träumen betrifft – deren Klaviaturen. Heb den Deckel zu einer beliebigen und horch, was sie berichtet.

DER KLANGKÖRPER

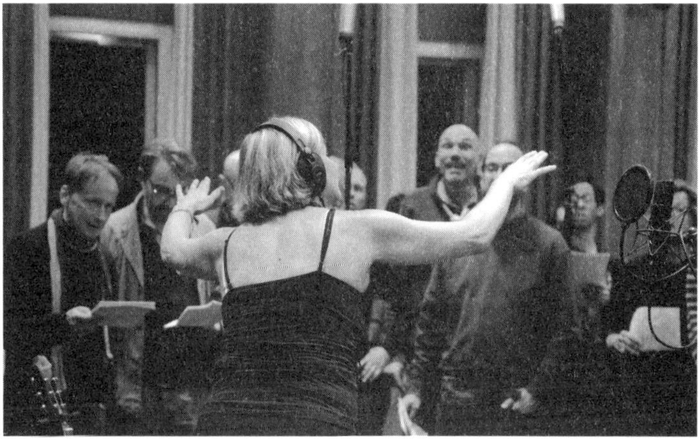

VON BERNADETTE LA HENGST

Am Anfang war das Singen.

Bevor ich irgendein anderes Instrument spielte, fing ich an zu singen. Inspiriert von meiner Mutter, die mir mit ihrer sehr schönen und klaren Stimme seit meiner frühen Kindheit Lieder vorsang, konnte ich schon mit zwei Jahren sämtliche Strophen des Kinderlieds »Der Kuckuck und der Esel« singen, wie ich in der Widmung eines Liederbuchs las, das mein Großvater meiner Großmutter 1969 geschenkt hat.

Singen war für mich auch mit Tanzen verbunden, es war eine große Freude, den eigenen Körper zum Klingen zu bringen und sich dazu zu bewegen. Nachdem ich mit vier Jahren ein Kinder-Musical im Theater Münster gesehen hatte und die Lieder aus dem Stück täglich sang, wusste ich, dass ich auf die Bühne wollte. Diese Träume haben viele Kinder – bei mir ist der Traum dann tatsächlich Realität geworden, aber ich habe heute noch manchmal Albträume, in denen ich plötzlich meine Stimme verliere und nicht mehr in der Lage bin, mich auszudrücken.

Mit zehn Jahren wurde ich in der katholischen Kirche in der ostwestfälischen Kleinstadt Bad Salzuflen, in der ich aufgewachsen bin, gefragt, ob ich den Vorsänger, der in den Stimmbruch gekommen war, ersetzen wolle. Der Pfarrer und der Organist hatten wohl mein Talent entdeckt und auch meine Furchtlosigkeit. Seitdem schmetterte ich jeden Sonntag in der Kirche unter anderem das »Vater unser«: Ich sang allein, und die ganze Gemeinde sang mir nach. Das war ein sehr erhabenes und mächtiges Gefühl, mit all diesem Hall, der von der hohen Kirchendecke zurückschallte. Ich fühlte mich gleich ein bisschen (schein)heilig, denn es sollte ja nicht darum gehen, dass ich mich selbst ausdrückte, sondern dass ich Gott beziehungsweise Jesus durch mich singen ließ.

Allerdings hatte ich noch eine andere Stimme, denn ich wollte ein Junge sein und eiferte meinen älteren Brüdern nach. Ich wurde Bandenanführerin und brüllte beim Spielen manchmal so viel, dass ich sonntagmorgens oft sehr heiser war. Ich wachte dann mit dem Gefühl auf, ich hätte meine Stimme verloren, nur ein kratziges, tiefes Geräusch krächzte aus meiner Kehle. Dann fühlte ich mich wie abgeschnitten von mir selbst. Gesungen habe ich in der Kirche trotzdem – das »Vater unser« in einer Art Punk-Version.

Mit vierzehn lernte ich Gitarre spielen, um mich beim Singen zu begleiten – ich spielte zwar Klavier, aber das konnte man ja nicht transportieren. Und ich wollte unbedingt singen, überall. Mein drei Jahre älterer Bruder konnte mich in der Pubertät nicht leiden und sagte, ich hätte eine schreckliche Stimme. Doch ich ließ mich nicht beirren. Das gemeinsame Singen mit meinen Eltern war ein Ritual meiner Kindheit, sie sangen mit mir mehrstimmig Kanons oder Volkslieder. Leider hatten sie keine moderne Plattensammlung, sie hörten fast nur Klassik, es gab zu Hause nicht mal die Beatles, dafür aber Daliah Lavi und Hildegard Knef, deren außergewöhnlich tiefe Frauenstimmen mich nachhaltig prägten.

Mit fünfzehn, als ich mich langsam von der Kirche verabschiedete und niemanden fand, der mit mir eine Band gründen wollte, fing ich an, Straßenmusik zu machen. Ich trampte dafür in die nächstgrößere Stadt Bielefeld, denn es war viel zu peinlich, in der Fußgängerzone von Bad Salzuflen die Kurgäste nach Geld zu fragen – die Leute aus meiner Schule und unsere Nachbarn hätten mich als Bettlerin beschimpft. Als ich das erste Mal in einer Bielefelder U-Bahn-Unterführung sang, hatte ich wieder dasselbe Gefühl wie in der Kirche. Nur sang diesmal nicht Jesus aus mir, sondern ich selbst, mit Songs von den Beatles, Cat Stevens, Bob Dylan oder Reinhard Mey. Und es kam überraschend gut an. Ich hatte mir vorher gar keine Gedanken darüber gemacht, ob ich damit Geld verdienen konnte, aber nach einer Stunde war mein Hut voller Münzen.

In den Sommerferien trampte ich mit meiner Freundin nach Hannover. Wir hatten unsere Schlafsäcke und meine Gitarre dabei, ich spielte mein kurzes Repertoire von fünf Songs, meine Freundin sammelte das Geld ein, und damit verdienten wir uns am Maschsee unser Abendessen und ein paar Bier. So einfach ging das also.

Ich schulte meine Stimme auf der Straße, denn man musste laut singen, um dort gehört zu werden neben all dem Lärm und teilweise anderen Musiker*innen, die manchmal sogar mit Verstärker spielten. Als ich dann ein paar Jahre später anfing, eigene Songs zu schreiben und sie im Studio des kleinen Indie-Kassetten-Labels Fast Weltweit in Bad Salzuflen aufzunehmen, entdeckte ich meine Stimme noch mal ganz neu. Durch ein Mikrofon klang das alles komplett anders und fremd. Ich probierte, kopierte, imitierte meine Lieblingssänger*innen wie Rio Reiser, Tracy Chapman, die Bangles, Suzanne Vega oder Prince. Das gelang mir natürlich nicht, also versuchte ich weiterhin, meine eigene Stimme zu finden. Unterstützt und inspiriert von den anderen Songschreiber*innen bei Fast Weltweit, deren musikalische Vorbilder zwischen The Jam, Jonathan Richman und den Fehlfarben lagen, versuchte ich gar nicht erst, mich am Hochleistungsgesang der damals angesagten US-amerikanischen Soulsängerinnen wie Whitney Houston oder Mariah Carey zu messen. Sie hatten mit meinem Leben nichts zu tun.

Als ich dann 1990 in Hamburg meine Mädchen-Band Die Braut haut ins Auge gründete, änderte sich meine Stimme noch mal. Ich musste plötzlich schreien, so ein Lärmpegel herrschte im Proberaum – außerdem wollten wir eine Punkband sein, wütend statt brav, keine netten angepassten Mädchen, sondern selbstbestimmt und laut. Gleichzeitig hatte ich immer den Anspruch, catchy Melodien zu singen: Der Widerspruch zwischen Wut, Rebellion und Sehnsucht nach Liebe und einer besseren Welt spiegelte sich auch in meinem Gesang wider.

Das mehrstimmige Singen mit den Musikerinnen von Die Braut haut ins Auge, den Mobylettes oder anderen befreundeten Bands blieb immer eine meiner großen Leidenschaften. Denn im Harmoniegesang steckt so viel Magisches und Utopisches: Wir können alle Konflikte der Welt überwinden, wenn wir nur gemeinsam singen, mit den anderen verschmelzen, Resonanz erzeugen. Seit einigen Jahren arbeite ich verstärkt mit Chören, schreibe mit Dorfbewohner*innen oder Gruppen der Stadtgesellschaft gemeinsam Texte über ihre Zukunftsvisionen und verdichte diese dann zu Popsongs. Das gemeinsame Singen dieser Lieder ist auch wie ein demokratischer Prozess, in dem alle Beteiligten die Ideen der anderen mittragen und mitsingen. Dadurch entsteht eine Vielstimmigkeit als Klangkörper, die im besten Fall gegen die sogenannte Spaltung der Gesellschaft helfen kann. Im Chor zu singen ist eine ganz besondere Form von Gemeinschaft, in der die Stärkeren die Schwächeren mittragen.

Seit fünf Jahren leite ich im Haus der Statistik, einem riesigen Gebäude mit vielen gemeinnützigen Projekten am Berliner Alexanderplatz, den hundertköpfigen Chor der Statistik. Wir singen und schreiben gemeinsam Songs über die Zukunft der Stadt, über die Klimakrise oder für ein Europa der offenen Grenzen. Wir sind ein bedingungsloser Chor, bei dem man jederzeit einsteigen kann. Es gibt keine Noten – die einzige Bedingung ist die Lust am Singen. Wir singen meistens draußen, dadurch sind unsere Stimmen darin geschult, sich laut gegen Straßenlärm durchzusetzen. Ähnlich wie in meiner Anfangszeit als

Straßenmusikerin oder auch als Vorsängerin in der Kirche ist das Singen mit meinem Chor für mich ein rauschhaftes Verschmelzen: Wir erheben gemeinsam die Stimme und erzeugen dadurch eine Resonanz und Verbundenheit mit der Welt.

DIE GELBE

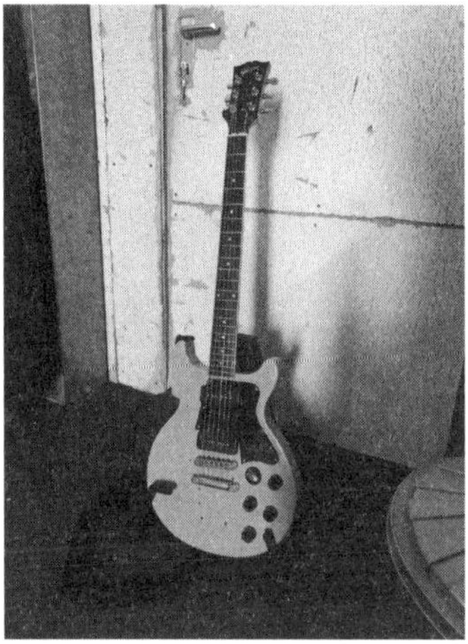

VON THORSTEN NAGELSCHMIDT

Meine beste Gitarre ist eine blassdottergelbe Gibson Les Paul Special. Ich weiß nicht viel über diese Gitarre. Weder ist mir das Baujahr bekannt noch aus welchem Holz das Griffbrett ist oder was sie momentan bei eBay oder Reverb bringen würde. Ich weiß nur, dass sie toll klingt und toll aussieht. Und dass sie nicht mehr meine Gitarre ist. Und das kam so.

Ich habe das Instrument im August 2001 bei Rare Guitar in Münster gekauft, gebraucht und für 2000 D-Mark, inklusive Flightcase. Das war ein Schnäppchen, für mich aber viel Geld. Ich weiß noch, dass ich wochenlang hin und her überlegte, ob ich mir die Anschaffung auch wirklich leisten konnte. Ich war fünfundzwanzig Jahre alt, und eigentlich hätte ich eher mal zwei Wochen Urlaub gebraucht. Ich war seit Jahren nicht mehr verreist und hatte zu diesem Zeitpunkt noch nie in einem Flugzeug gesessen.* Aber ich wollte auch eine neue Gitarre, und beides zusammen war nicht drin.

Meine Band gab es zu diesem Zeitpunkt seit mehr als acht Jahren, und unser Equipment war, gelinde gesagt, der letzte

* Wer braucht da schon ein Flightcase, könnte man nun einwenden. Wobei es sich hier natürlich um einen dieser aus dem – als einzig gültige Rocksprache anerkannten – Englischen übernommenen Begriffe handelt, der in diesem Fall für einen besonders stabilen und somit gut in die Stauräume tendenziell heillos überladener Tourbusse zu verklappenden Gitarrenkoffer steht.

Schrott. Alle Bandmitglieder kamen aus Arbeiter- oder Angestelltenhaushalten und hatten im Gegensatz zu vielen Nachwuchsmusikern aus unserem Umfeld keine hochwertigen Instrumente mit in die Band gebracht. Drei von uns waren als Studenten eingeschrieben, der vierte hatte wegen einer bevorstehenden Tournee gerade seine Lehre als Tischler abgebrochen. Wir wohnten in WGs und hielten uns mit Nebenjobs über Wasser.* Unsere Konzerte buchte ich selbst, die Platten brachte ich auf dem bandeigenen Label Huck's Plattenkiste heraus. Weder hatten wir dafür ein Gewerbe angemeldet, noch gab es einen Vertrieb, ein Büro oder auch nur eine Homepage. Es war alles recht unbekümmert, zumindest was die *business side of things* anging. Man nannte es DIY.

Was wir aber von Beginn an hatten, war unser Bandsozialismus – ein von uns eher augenzwinkernd verwendeter, aber durchaus zutreffender Begriff für die kooperative Art des Wirtschaftens im Hause Muff Potter. Sämtliche Einnahmen durch Gagen, Platten- oder Merchandisingverkäufe gingen, statt sie unter den einzelnen Bandmitgliedern aufzuteilen, in die Bandkasse, aus der dann auch alle Ausgaben getätigt wurden. Die Kosten für Verschleißteile wie Saiten, Plektren, Kabel, Drumsticks, Schlagzeugfelle, 9-Volt-Blöcke, Gaffa-Tape oder Krepp-Klebebänder übernahm das Kollektiv, was teils zu absurden Auswüchsen führte. Ich erinnere mich an Diskussionen, ob man denn wirklich vor jedem (!) Auftritt einen frischen Satz Basssaiten (TEUER!) aufziehen müsse, und an in den Dreitagebart genuschelte Beteuerungen wie: »Ja, das muss leider sein, aber keine Sorge, ich koch die alten Saiten demnächst mal aus, dann kann man die auch wieder benutzen …«

Als unsere Popularität innerhalb der Szene wuchs, war auch mal eine größere Anschaffung möglich. Wir entschieden ge-

---

* Bierkutscher, Fensterputzer, Hotline Inbound, Hotline Outbound …

meinschaftlich und stets danach, was die Band am nötigsten brauchte. Meist waren das einzelne Komponenten des Schlagzeugs, denn dort gab es den meisten Abrieb. Nicht unser Drummer brauchte ein neues Crash-Becken, wenn das alte kaputt war, sondern die Gruppe Muff Potter brauchte ein neues Crash-Becken. Das dann freundlicherweise von unserem Drummer gespielt wurde.* Ständig wurde in frische Schlagzeug-Hardware investiert: Ständer, Hocker, Fußmaschinen und Snares, lauter Trommlerutensilien also, die fast immer auf dem Gebrauchtmarkt erworben wurden** und die streng genommen also zu einem Viertel mir gehörten.

Was mich bei der Entwicklung meines Gitarrensounds allerdings nicht weiterbrachte. Ich war bereits seit sieben Jahren in dieser Band, hatte mit ihr über zweihundert Konzerte gespielt und drei Langspielplatten sowie ein Demotape aufgenommen, als ich meine erste Gitarrenbox bekam. Es handelte sich um ein No-Name-Imitat der berühmten 4×12er von Marshall.*** Meine E-Gitarre war auch nicht eben pralle, sodass der Erwerb der »Gelben«, wie wir die Les Paul Special zärtlich nannten, für mich und den Sound der Band einen großen Schritt nach vorne darstellte.

---

* Auf den kaputten Becken rodelten wir im Winter die schneebedeckten Abhänge deutscher Mittelgebirge hinunter.

** eBay, Heißer Draht, der Musikerflohmarkt bei Musik Produktiv in Ibbenbüren

*** Sie wissen schon, diese schwarzen Vierecke mit dem weißen Schreibschriftlogo, die sich vor allem in den Achtzigern und frühen Neunzigern hinter Hardrock- und Heavy-Metal-Gitarristen zu teils abstrusen Gebilden türmten. Was aber eher bühnendekorative als klangliche Gründe hatte, war der Großteil dieser aufgestapelten Lautsprecherquadrate doch meist weder verkabelt noch mikrofoniert.

Okay, ich habe dann doch mal nachgeschaut: Es handelt sich um eine Gibson Les Paul Special DC TV Yellow, Baujahr 1995. Hals und Korpus sind aus Mahagoni, das Griffbrett ist aus Palisander, das Gewicht liegt bei 3,98 Kilogramm, und auf dem Online-Marktplatz Reverb stand neulich eine für 2400 US-Dollar zum Verkauf. Das DC steht für *Double Cutaway*, bezieht sich also auf die Form des Korpus, während es sich bei *TV Yellow* um die Farbbezeichnung handelt, die von der Firma Gibson Guitar Corporation, einem der ältesten US-amerikanischen Hersteller von Zupfinstrumenten, seit den frühen Fünfzigerjahren verwendet wird und um deren Ursprung sich die wildesten Theorien ranken. Das TV, so eine dieser Theorien, stehe für *Telecaster Version* und verweise auf die berühmte Fender Telecaster, welche kurz zuvor in einer ähnlichen Farbkombination – blassgelbe Lackierung, schwarzes Schlagbrett – auf den Markt gebracht worden war. Einer anderen Theorie zufolge handelt es sich bei der Farbbezeichnung *TV Yellow* um eine Anspielung auf die blassen Gelbtöne, die die ersten Farbfernseher wiederzugeben in der Lage waren. Es kursieren aber auch Gerüchte, nach denen der Farbton von der Möbelfarbe *Limited Mahogany* inspiriert ist, mit der viele der Holzkästen lackiert waren, in denen die klotzigen Fernsehgeräte in den USA der Fünfzigerjahre von ihren Besitzern untergebracht wurden. Noch weiter in die Tiefen der Flimmerkastenwelt führt die Behauptung, die Firma Gibson habe diesen Farbton aus dem einzigen Grund entworfen, damit ihre Gitarren sich auf den Mattscheiben der damals noch weitverbreiteten Schwarz-Weiß-Fernseher gut machten.*

Unabhängig davon, dass man bei dieser Art der Onlinerecherche ratzfatz ins gewiss nicht uninteressante, aber äußerst morastige Land der geraunten Mythen und Legenden zu gleiten

---

* Weiße Gegenstände hätten hier allzu oft einen verwaschenen Eindruck vermittelt, da sie zu viel Licht reflektierten.

droht, sei hiermit zugegeben, dass die Farbbezeichnung *TV Yellow* einen fescheren und zweifellos verkaufsfördernderen Klang hat als das von mir verwendete Adjektiv »blassdottergelb«.*

Das Baujahr der Gibson Les Paul Special DC TV Yellow wiederum ist anhand der Seriennummer herzuleiten, und offenbar nicht nur dieses. »Ich würde sagen, die Seriennummer 91165300 bedeutet, dass das Instrument am Mittwoch, dem 26. April 1995 in Nashville oder Memphis hergestellt wurde, und zwar als das erste an diesem Tag gestempelte Instrument«, sagt Shredder, Bassist von Muff Potter und jetziger Besitzer dieser Gitarre.

Offenbar hat das Instrument zwischen seiner Herstellung in den Südstaaten der USA und seinem Auftauchen an der Wand eines Münsteraner Gitarrenladens eine Weile in New York City verbracht. So zumindest legt es die genietete Plakette mit der Aufschrift »Manny's Music« nahe, die sich auf dem aller Wahrscheinlichkeit nach speziell für dieses Instrument angefertigten Flightcase befindet. Bei Manny's Music wiederum handelt es sich um einen legendären Musikalienhandel in Midtown Manhattan, bei dem in den Sechzigerjahren eine weitere Gelbe eine prominente Rolle gespielt haben soll, eine gelb lackierte E-Gitarre der Firma Danelectro nämlich, mit der – und nur mit der – vor Ort Gitarrenverstärker und Effektgeräte ausprobiert werden durften. Für alle anderen bei Manny's Music zum Verkauf stehenden Gitarren habe die Regel *You try it, you buy it* gegolten.**

---

* Das im Übrigen selbst innerhalb meiner Band umstritten ist. »Also wenn, dann schon ›das Dotter eines gesunden Bio Eigelbs‹!«, schlaumeiert der eine, während andere eher an die Deutsche Bundespost denken oder an das Cover des Sex-Pistols-Albums *Never Mind the Bollocks*.

** George Harrison soll einmal versucht haben, die gelbe Danelectro

Wie dem auch sei: Mitte der Nullerjahre musste ich die Gelbe verkaufen. Die Band hatte sich in der Zwischenzeit entschieden, alles auf die sprichwörtliche »eine Karte« zu setzen. Als Letzter hatte auch unser Schlagzeuger Brami sein Studium geschmissen und war aus Köln nach Münster gezogen, damit wir so viel proben und live spielen konnten wie möglich. Das erschien uns als einzige Möglichkeit, die Gruppe am Leben zu halten und all die Klippen zu umschiffen, an denen so viele Bands zerschellen, wenn der viel zitierte »Ernst des Lebens« beginnt.

Wir hatten nun ein Management und eine Booking-Agentur, finanziell aber sah es immer noch reichlich prekär aus. Ich ernährte mich von Nudeln mit Ketchup und wusste nicht, woher ich das Geld für die nächste Miete nehmen sollte. Nach dem Verkauf meiner alten Star-Wars-Actionfiguren und einiger Schallplatten überlegte ich, wovon ich mich noch trennen konnte. Das Wertvollste in meinem Besitz war die Gibson Les Paul Special, und ich spielte sie nur selten live. Das lag vor allem an dem – im Vergleich zu meiner ebenfalls gebraucht gekauften Gibson SG* – nicht abgeschrägten Korpus, an dem ich mir regelmäßig den rechten Unterarm wund spielte, aber auch an den eigentlich wunderbaren P90-Tonabnehmern, die beim Einsatz von Overdrive- und Distortion-Pedalen für ein irres Brummen und Fiepen sorgten. Man könnte auch sagen: Ich hatte die Gitarre nicht unter Kontrolle. Ich wusste noch nicht, wie man sie richtig spielt. Die Gelbe war für den Live-Einsatz zu gut, zu anspruchsvoll.**

---

zu erwerben, Manny Goldrich aber, der Gründer und damalige Besitzer von Manny's Music, weigerte sich beharrlich, sie zu verkaufen.

* Mein sogenanntes Hackbrett

** Eine meiner ersten Aktionen war gewesen, den von einem Vorbesitzer eingebauten Tremolohebel der Marke Bigsby abzumontieren, weil dieser meinem Eindruck nach die Stimmstabilität negativ beein-

Allerdings war es die eindeutig beste Gitarre im Bestand der Band und bei Studioaufnahmen immer eine sichere Bank, insbesondere was unverzerrte Passagen, Pickings, Leads und Soli anging. Entsprechend groß war die Empörung in der Gruppe, als ich ankündigte, mich von dem Instrument trennen zu wollen. Also machte ich den Kollegen einen Vorschlag: »Die Band kauft mir die Gitarre ab, und zwar zu dem Preis, für den ich sie bei Rare Guitar erworben habe.« Die anderen willigten ein, was mich äußerst glücklich machte. Zwar hätte ich auf dem freien Markt mittlerweile einen deutlich höheren Preis erzielen können, so aber blieb die Gitarre in unserem Besitz und die Bandsozialismus-Fahne wurde hoch-, wenn nicht gar noch ein gutes Stückchen höher gehalten als je zuvor.

Diese uns sowohl solidarisch als auch praktisch erscheinende Herangehensweise behielten wir auch bei, als wir einen Vertrag bei einer großen Plattenfirma unterschrieben.* Über die Jahre kamen so ein paar weitere tolle Instrumente in unseren Besitz: ein alter Musicman-Combo-Verstärker beispielsweise und eine analoge und ein wenig nach Farfisa klingende Orgel des italienischen Herstellers Viscount Intercontinental.

Im Jahr 2009 lösten wir die Band auf. Jeder behielt das Equipment, das er während der vorangegangenen Jahre gespielt hatte. Wir verzichteten darauf, alles groß gegeneinander aufzurechnen. Keiner der drei Saiteninstrumentalisten machte seinen Anspruch auf ein Viertel des Schlagzeugs geltend, dafür durften alle ihre Kabel, Verstärker und Mikrofone behalten. Doch da

---

flusste – und weil ein »Jammerhaken« meiner damaligen Ansicht nach in unserer Musik ohnehin nichts verloren hatte.

* Was von uns ebenfalls als eine Art soziale Umverteilung empfunden wurde; sollten Tokio Hotel und Rammstein doch das große Geld einspielen – auf diese Weise würde es dann wenigstens zu kleinen Teilen wieder in unsere Band investiert.

waren ja auch noch die nicht so leicht zuzuordnenden Instrumente. Ich bestand auf dem Musicman-Verstärker, der mir sehr ans Herz gewachsen war, unser Gitarrist Dennis bekam die Orgel, und die Gibson Les Paul Special ging an unseren Bassisten Shredder.*

2018 und 2019 gingen wir nach fast neun Jahren Pause auf große Reunion-Tour. Die Gelbe war auch dabei. Sie wurde bei diesen Konzerten hauptsächlich von unserem Bühnentechniker Felix Gebhard gespielt, der uns bei ein paar Songs an unterschiedlichen Instrumenten unterstützte. Als wir im Sommer 2021 ins Studio gingen, um das erste Muff-Potter-Album seit dreizehn Jahren aufzunehmen, spielte ich fast alle Songs mit der Gelben ein. Felix war in der Zwischenzeit fest in die Band eingestiegen und hatte sein eigenes Equipment mitgebracht, und zwar nicht wenig davon. Auch ich hatte einen ganzen Haufen Gitarren ins Studio gekarrt, im direkten Vergleich siegte aber bei zwölf von vierzehn Stücken die Gibson Les Paul Special. Die Gelbe war nach wie vor das beste Pferd im Stall. Auch live spiele ich diese Gitarre nun bei über fünfzig Prozent der Songs.**

Nach Konzerten und Tourneen bleibt die Gelbe im Proberaum, oder sie wird von Shredder mit nach Hause genommen. Ungeklärt ist, wer für Pflege und Reinigung der Gitarre verantwortlich ist. Und wie sähe es eigentlich bei einem Diebstahl oder etwaigen versicherungsrelevanten Beschädigungen aus? Regelmäßig beknie ich Shredder, mir die Gitarre zu verkaufen, doch er weigert sich. »Du behältst dein Geld und kannst sie immer spielen, besser geht's doch nicht«, sagt er. Und hat damit, nüch-

---

* Die beiden hatten beim Pizzaessen am Münsteraner Hafen eine Münze geworfen. Nie zuvor habe ich ein derart langes Dennisgesicht gesehen. Shredder hingegen jubelte.

** Ich trage auf der Bühne mittlerweile Hemd und Sakko, so hat sich auch das mit dem wund gescheuerten rechten Unterarm erledigt.

tern betrachtet, natürlich recht. Trotzdem ist es ein eigenartiges Gefühl, nicht der Besitzer dieses Instruments zu sein.

Ich bin kein Sammler. Ich bin auch nicht ständig auf der Jagd nach neuen Gitarren. Weder hänge ich sie mir als Möbel oder als Kunstobjekte an die Wand, noch verbringe ich Stunden damit, sie zu entstauben und zu polieren. Musikequipment ist Arbeitsgerät, das zu funktionieren hat und auch mal was abkönnen muss. Instrumente, die nicht gespielt werden, deprimieren mich. Bescheidwisserisches Mucker-Fachgesimpel ist mir ebenso suspekt wie der ins Vulgärromantische gekippte Warenfetisch sentimentaler Retro-Vintage-Typen.

Aber wenn man so ein Instrument vor langer Zeit entdeckt, es angespielt und unter den gnädigen Augen des Gitarrenhändlers zum Testen mit nach Hause genommen, von dort in den Proberaum getragen und sich schließlich nach reiflicher Überlegung dazu durchgerungen hat, einen nicht unerheblichen Batzen Geld dafür auf den Tisch zu legen,* wenn in den folgenden Jahren und Jahrzehnten unzählige Songs auf diesem Instrument entstanden sind und damit eingespielt wurden, wenn man es in jahrelanger Arbeit domestiziert oder sich ihm vielmehr angepasst und untergeordnet hat, wenn es also eine Geschichte miteinander gibt und diese Geschichte nicht abgeschlossen ist, sondern anhält und sich entwickelt, wenn man also weiterhin all diese schönen und intensiven Momente miteinander hat, dann, ja dann hängt man halt schon ein bisschen daran.

Ich könnte mich natürlich auf die Suche machen und mir das gleiche Modell noch einmal kaufen.** Doch das käme mir falsch vor. Als würde ich die *echte*, die *eigentliche* Gelbe damit betrü-

---

* »Du kannst es dir eigentlich gar nicht leisten, du müsstest mal wieder in Urlaub …«

** Wenn auch nicht mehr für zweitausend Mark – offensichtlich nicht einmal für zweitausend Euro.

gen. So kommt es im Proberaum, im Studio oder beim Soundcheck auf den Konzertbühnen dieses Landes immer wieder zu kleinen Sticheleien zwischen mir und ihrem jetzigen rechtmäßigen Besitzer. Was jedes Mal zu ostentativem Augengerolle bei den anderen Bandmitgliedern und unserer Livecrew führt: »Och nee, Jungs, nicht schon wieder …«

Aber was wissen die schon. Die sollen sich mal in meine Lage versetzen.

DIE WEGGEFÄHRTEN

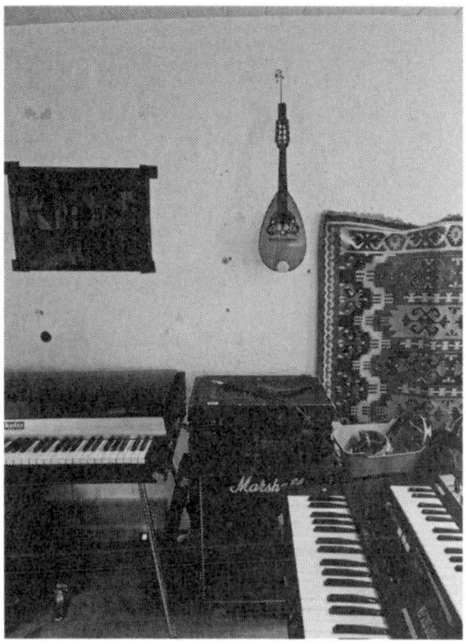

VON MASHA QRELLA

DIE MANDOLINE

In meinem Proberaum an der Wand hängt mit losen Saiten meine alte Mandoline – ein Relikt aus Kindertagen, Zeugnis meiner »Talentfreiheit« und damit irgendwie Startschuss für meine kurze Leistungssport-Karriere in den letzten Jahren der DDR. Ich habe ein Bild vor Augen, wie ich als acht- oder neunjähriges Mädchen an der Straßenbahnhaltestelle am Tierpark Friedrichsfelde in Berlin stehe. Es ist Winter, und ich warte auf die Bahn, die einfach nicht kommt, die dickbäuchige Mandoline im Arm. Es ist kalt, und meine Füße frieren. Ich fasse einen Entschluss: Wenn die Bahn endlich kommt, steige ich ein, fahre bis zur Endhaltestelle und wieder zurück. Das läuft zeitlich auf das Gleiche hinaus, als würde ich zum Mandolinen-Unterricht fahren. Ich komme so oder so zu spät, und außerdem muss ich bei der Musiklehrerin immer die Schuhe ausziehen, und ich habe schon wieder Socken mit Löchern an. Diesen Moment der Scham werde ich mir diesmal ersparen.

Das nehme ich mir fest vor und steige in die Bahn, die gerade quietschend eingefahren ist. Ich kriege einen Fensterplatz – unter mir die Heizung, auf die ich meine Füße stellen kann. Erleichtert lehne ich mich zurück und schaue aus dem Fenster. Ich liebe Straßenbahnfahren …

Nachdem die Mandolinen-Lehrerin meinte, es würde mit mir nix werden, und die Talentverteilung unter den Kindern geklärt war (mein älterer Bruder war der musisch begabte Typ, ich die Sportlerin), fuhr ich die nächsten Jahre mit der Straßenbahn nur noch zum Training. Erst trainierte ich für die Aufnahmeprüfung an der Kinder- und Jugendsportschule in Berlin-Hohenschönhausen, danach trainierte ich, um auf der Schule zu bleiben. Die Fechter-Klasse, zur der ich gehörte, blieb glücklicherweise vom übermäßigen Leistungsdruck der DDR-Kaderschmiede verschont. Unser Trainingspensum war, im Vergleich zu dem der Turner, Eisschnellläufer, Judokas, Schwimmer und Boxer, die auch alle auf unsere Schule gingen, moderat. Auf dem internationalen Parkett waren wir, die Fechter, eine Nullnummer. Deshalb gab es auch kein Doping. Aber Konkurrenz gab es schon unter uns. Es war ein Kampfsport – alle gegen alle.

Meine Klassenkameraden kamen aus der ganzen Republik und wohnten im Internat. Ich als Berlinerin wohnte zu Hause. Das mit dem vielen Training war okay, ich trainierte gern. Aber ich gehörte nicht wirklich dazu, verpasste alle Partys und gewann auch keine Wettkämpfe. Mein Ehrgeiz war irgendwann erschöpft. Ich hängte das Fechten an den Nagel.

DIE GITARRE MEINES BRUDERS

Dann kam die Wende. Meinen Bruder sah ich kaum noch, er wohnte auch nur noch zeitweise bei uns. Er zog entweder mit seinen Kumpels um die Häuser oder war bei seiner Freundin in Moskau. In seinem Zimmer stand etwas verwaist seine Gitarre. Da ich nicht mehr ständig zum Training fuhr, hatte ich Zeit, langweilte mich und griff immer mal wieder nach ihr. Ich klampfte zunächst Lieder, die ich in den Sommerferien in Russland am Lagerfeuer aufgeschnappt hatte. Später versuchte ich ein paar der Songs nachzuspielen, die ich immer auf dem Weg zum Training auf dem Walkman gehört hatte.

Schließlich ging mein Bruder ganz offiziell zum Physik-Studium nach Moskau. Er tauchte dort im Sumpf der Neunzigerjahre unter. Als er wieder auftauchte, hatte er diverse Geschäftsmodelle ausprobiert, verrückte Geschichten zu erzählen und einen Haufen Kohle gemacht. Er war Geschäftsmann geworden. Als er damals ging, überließ er mir sein Zimmer und seine Gitarre. Sie steht heute, mit ebenfalls hängenden Saiten, neben anderen verwahrlosten Exemplaren in einem Mehrfach-Gitarrenständer in meinem Proberaum.

ORGEL VERSUS SAXOFON

Neben den Gitarren steht meine alte Vermona-Orgel – ich habe sie erst kürzlich aus dem Verschlag unter der Treppe hervorgezerrt. Sie hat mir, bevor ich sie dort vor ungefähr zehn Jahren verstaute, jahrelang große Dienste erwiesen. Auf ihr drückte ich meine ersten Akkorde, dank ihr entschlüsselte ich Beziehungen zwischen Harmonien und Melodien. An diese Orgel schloss ich meine ersten Effektgeräte an und verstand, dass ein Instrument auch einfach nur eine Sound-Quelle sein kann und dass die Welt dahinter unendlich groß ist, auch ohne große virtuose Fähigkeiten.

Davor spielte ich vor allem Saxofon, das erste Instrument, für das ich mich wirklich entschied. Wir hatten ein schwieriges Verhältnis. Ich spielte es ein bisschen so, wie ich es vom Training her kannte: Ich übte Tonfolgen, arbeitete an der Technik, spielte Songs aus dem *Real Book* und »lernte zu improvisieren«. Ein paar Jahre lang nahm ich sogar Unterricht. Ich spielte Solos nach und bereitete mich auf die Aufnahmeprüfung für den Studiengang Popularmusik an der Hanns-Eisler-Musikhochschule vor. Doch ich fiel durch. Das war ein Schock. Ich stellte das Saxofon in die Ecke und rührte es nie wieder an.

Anstelle des Saxofons kaufte ich mir auf dem Musikinstrumenten-Flohmarkt einer Wilmersdorfer Grundschule die Vermona-Orgel und spielte in meiner damaligen Band Mina von nun an Keyboards. Die bis dahin jazzig oder auch krautrockig angehauchten Tracks bekamen dadurch so etwas wie Pop-Appeal. Alles, was sich vorher schwer und störrisch anfühlte, wurde leicht. Ich hatte plötzlich das Gefühl, ich könnte fliegen …

DIE KEYBOARDS

Und so flog ich ein paar Jahre mit Mina durch die Gegend. Im Gepäck ein Haufen alter Keyboards, die ich bei den Konzerten übereinanderstapelte und alle gleichzeitig spielte. Zur Vermona-Orgel gesellten sich ein Roland-String-Synthesizer und ein Minimoog – Raritäten, die man damals in der DDR-Variante tatsächlich einfach auf Flohmärkten abstauben konnte. Ein Freund parkte sein Fender-Rhodes-E-Piano in unserem Proberaum. Auch das musste mit auf Tour.

Wir rappelten unsere Instrumente aus Flugzeugen, Tourbussen und Taxis auf alle möglichen Bühnen, über matschige Festivalwiesen, durch Party-Trauben vor House- und Techno-Clubs, toskanische Amphitheater-Treppen rauf und runter und endlos lange Tresen entlang in die hintersten Ecken irgendwelcher Berliner Montags-, Dienstags- oder Mittwochsbars, vorbei an besoffenen irischen Mates, verkoksten spanischen Dudes und verkifften Berliner Hippie-Nasen. Bei den Konzerten sprang ich wie ein Flummi hinter den Keyboards auf und ab.

Ich erinnere mich an ein Konzert in Catania auf Sizilien, irgendwann um die Jahrtausendwende. Der Club war absolut malerisch in einem Olivenhain gelegen, als Bühne diente die Terrasse eines Landhauses, in dem wir auch schliefen. Beim Konzert fielen gleich beim ersten Song »Minsc« meine ganzen Keyboards ins Publikum – ich hatte sie wie immer schräg auf zwei klapprige Keyboard-Ständer übereinandergestapelt. Die Leute, die direkt vor mir standen, packten mit an und halfen, meine Keyboard-Burg wieder aufzubauen, während der Rest der Band weiterspielte. »Minsc« ist so etwas wie ein House-Track, aber gespielt mit analogen Instrumenten. Dass die Keyboards für ein paar Minuten nicht spielten, steigerte nur die Spannung. Als ich dann wieder einstieg, fing der ganze Olivenhain an zu tanzen. Mein Blick wanderte über die tanzenden Leute hoch zu meiner Ecke der Terrassenwand. Dort saß ein Gecko und schaute mir beim Spielen zu …

Der Minimoog-Synthesizer steht heute mit seinen schiefen Zähnen ziemlich prominent in meinem Proberaum, gleich neben dem Mischpult. Wenn ich ihn für Aufnahmen benutze, gehe ich schon einen Tag vorher in den Proberaum und lasse ihn über Nacht warm werden. Dann ist er nämlich ein bisschen stimmstabiler und jault nicht so. Das Klappern der Tastatur ist allerdings unvermeidbar. Vom Roland-Synthie tauchte irgendwann ein zweites Exemplar auf, exakt zu dem Zeitpunkt, als das erste die Hälfte seiner Regler verloren hatte und immer seltsamere Töne von sich gab. Als auch der Ersatz-Synthie irgendwann die Hufe hochklappte, landeten beide im Verschlag unter der Treppe.

SAMPLER, SYNTHESIZER, DRUMCOMPUTER & CO

In diesem Verschlag sammelten sich über die Jahre eine Menge alter Instrumente an, die oft schon von Anfang an nicht ganz in Ordnung waren. Manche bekam ich geschenkt, andere sind einfach irgendwie bei mir gelandet, wieder andere habe ich auf Flohmärkten gekauft, weil ich sie hübsch fand. Ich wusste oft gar nicht, wie sie wirklich funktionierten, und benutzte Sounds, die manchmal, wie ich später verstand, einfach Fehlfunktionen der Geräte waren.

Ich programmierte alte Drumcomputer, speiste einen Uralt-Akai-8-Bit-Sampler mit allen möglichen Klängen und versuchte, die Geräte über die verschiedenen Schnittstellen miteinander kommunizieren zu lassen. Zeitgleich schraubte ich Soundkarten in alte PCs und versuchte mich an ersten computergestützten Aufnahmen. Davor hatte ich Demos noch auf 4-Spur-Recordern aufgenommen, oder wir gingen mit den Bands in Studios.

Ich war eigentlich nicht wirklich technikaffin. Es war unglaublich viel trial and error. Aber es war eine sehr befreiende Erfahrung, selbst aufnehmen zu können, niemandem erklären zu müssen, wie man sich was vorstellt, und Ideen nicht schon verteidigen zu müssen, bevor sie ausformuliert sind. Ich war auch fasziniert davon, zu sehen, wie aus den unterschiedlichen Elementen schließlich Songs entstanden. Aus welchen Harmonien man um eine sich wiederholende Sequenz Spannung aufbaute, wie man diese wieder auflöste, wie wenig ein Refrain brauchte und dass Beats, auch wenn sie humpelten, grooven konnten. Ich doppelte meine Stimme und baute Löcher aus Stille in die Songs, in denen das Gesagte und Nicht-Gesagte nachhallen konnten. Das »Bauen« von Musik, die man live so nicht spielen konnte, hatte eine komplett neue Welt für mich eröffnet, die mir bis dahin unbekannt war.

DER BASS

Zum Bass hatte ich immer ein ambivalentes Verhältnis. Die Band Contriva fragte mich eines Tages, ob ich nicht für den Bassisten einspringen könne. Zu dem Zeitpunkt hatte ich noch nie einen Bass in der Hand gehabt. Ich spielte nur Saxofon und ein bisschen Gitarre. Aber sie brauchten eine Bassistin. Ich lieh mir also von einem Freund einen alten Jazzbass und stellte mich damit in den Proberaum. Es fiel mir relativ leicht, die Bassläufe zu lernen, obwohl sie ziemlich komplex waren. Ich glaube, mir kam dabei mein frühes, fast vergessen geglaubtes Mandolinenspiel zu Hilfe. Ich spielte alles mit einem Plektrum, so wie ich es von der Mandoline kannte, und verstand das Instrument als Melodie- und rhythmisches Strukturelement. Als ich mir selbst Bassläufe auszudenken begann, merkte ich, dass sie oft besser funktionierten und mehr Druck hatten, wenn ich weniger spielte. Und so war ich immer ein bisschen zwischen den Stühlen: Ich spielte recht einfache, etwas krautige, monotone Bässe, weil es das war, was die meisten Stücke von Contriva brauchten, versuchte aber gleichzeitig, überall noch Melodien dazwischenzuplatzieren, weil mich die rein funktionale Seite des Instruments schnell langweilte. Noch heute spiele ich auf dem Bass meist eine Mischung aus Melodien und klassischen Bassläufen.

DIE GITARRE

Als »Bassistin« bekam ich viel Anerkennung, aber ich schielte immer neidisch auf die Gitarre. Immer wieder nahm ich sie in die Hand und schrieb darauf auch Songs – aber spätestens, wenn ich versuchte, mein Gitarrenspiel aufzunehmen, klang es furchtbar. Während ich einen Bass-Part oft im ersten Anlauf einspielte und er meistens gut klang und das machte, was er sollte, waren die Gitarren immer entweder schräg oder zu weit vorne oder auf andere Weise räudig.

Um die Gitarre habe ich lange gekämpft. Zwanzig Jahre, sieben Solo-Alben (darunter ein unveröffentlichtes Album, an dem ich mir zwei Jahre lang die Zähne ausgebissen habe), verschiedenste Gitarrenmodelle (von Konzertgitarren über Wanderklampfen, Halbakustikgitarren und billige Stratocaster-Kopien bis zu zwölfsaitigen Folkgitarren), verschiedene Verstärkermodelle, Pick-ups und Tonabnehmer, unterschiedliche Bandprojekte (von Punkrock bis Elektro-Folk) und Tausende auf Festplatten versenkte Aufnahmen – das alles hat es gebraucht, um das Verhältnis zu entwickeln, das ich heute zu ihr habe: Sie ist das einzige Instrument, das ich überallhin mitnehme. Es ist kein besonderes Modell: eine Halbakustik-Gitarre aus den Sechzigerjahren. Sie hat nur wenig Sustain, also einen relativ kurzen Ton, und man darf sie nicht zu laut aufdrehen, sonst klingt sie schrill. Aber wenn man sie nicht überfordert und nur das von ihr verlangt, was sie kann, ist sie toll. Auch unverstärkt klingt sie super, ziemlich leise, aber doch präsent, sodass sie der Stimme nicht im Weg ist, was sie für schnell auf dem Handy aufgenommene Skizzen am Küchentisch oder in Hotelzimmern prädestiniert.

DIE MUNDHARMONIKA

Was ich auch oft mit dabeihabe, ist meine kleine Mundharmonika: Stimmung C-Dur, Preis zehn Euro, gekauft im Gitarrenladen um die Ecke. Ich habe sie schon mehrfach nachgekauft. So richtig lange hält das Modell nicht, aber es spielt sich super und klingt echt gut, auch wenn mir das der Typ aus dem Gitarrenladen nicht so recht glauben mag. Sie kommt allerdings relativ selten zum Einsatz. Ich spiele sie gern im Live-Set, aber nur in besonderen Momenten, am Ende der letzten Zugabe zum Beispiel, oder bei Gastauftritten oder bei so etwas wie Galaabenden. Sie ist wie ein Joker, den man aus der Hosentasche ziehen kann.

Ich erinnere mich an meine erste Japantour. Es war Abend, wir hatten in einem Club in Nagoya gespielt, waren gerade auf dem Weg ins Hotel und wähnten uns allein auf dem Bahnhofsvorplatz. Da tauchte plötzlich ein Mann auf, kletterte auf eine Mauer und schrie immer wieder ein Wort in die Nacht. Wir fragten unsere japanische Tourbegleiterin nach der Bedeutung des Wortes. Sie zögerte einen Moment und übersetzte dann: »Ficken«.

Am nächsten Tag stellten wir uns zur Rushhour auf den gleichen Platz zwischen all die hin und her eilenden Leute und nahmen ein Video auf: eine Live-Version des Songs »I Talk to the Trees«, gespielt von meinem damaligen Keyboarder Sebastian Nehen auf einem kleinen, batteriebetriebenen Casio-Keyboard. Ich sang dazu und spielte die Mundharmonika …

DAS KLAVIER MEINER COUSINE

Eines Tages bekam ich einen Anruf: »Masha, ich hab hier ein altes Klavier. Ich ziehe um und kann es nicht mitnehmen. Ich dachte … ich schenk es dir! Kannst du es vielleicht morgen abholen?«

Ich kann eigentlich nicht Klavier spielen, und wenn ich doch mal ein paar Akkorde oder Sounds für Aufnahmen brauchte, war ich superhappy mit meinem alten Fender-Rhodes-E-Piano. Außerdem unterstellte ich dem Klavier zu diesem Zeitpunkt noch eine gewisse Bürgerlichkeit und fand die Vorstellung, mit Klaviersounds zu arbeiten, kitschig.

Trotzdem sagte ich nicht Nein, sondern organisierte einen Klaviertransport und räumte eine Ecke des Proberaums für den Neuankömmling frei. Seitdem schummelt sich das Klavier in fast jede meiner Aufnahmen. Es hat einen zutiefst melancholischen Klang, immer ein bisschen schummrig. Aufgenommen klingt es am besten, wenn man einfach ein Mikrofon an die hölzerne Rückwand hängt. Dann schmiegt es sich in alle Songs und gibt ihnen einen besonderen Raum. Manchmal spiele ich auch gar nichts auf dem Klavier, sondern benutze das Mikro an seiner Rückwand einfach als zusätzliches Raummikrofon, wenn ich ein Schlagzeug oder Gitarren aufnehme.

BUDDIES

Letztes Jahr habe ich – vielleicht in einem Anfall von Verantwortungsbewusstsein oder einfach weil ich nach meinem letzten Album und ein paar Auftragsarbeiten für Film und Theater zum ersten Mal ein bisschen Geld übrig hatte – angefangen, ein paar meiner Weggefährten reparieren und überholen zu lassen. Ich war es auch leid, beim Spielen immer kaputte Tasten auslassen und schräge Stimmungen ausgleichen zu müssen. Außerdem sind einige der alten Instrumente mittlerweile echt viel wert, und vielleicht muss ich das eine oder andere Exemplar ja irgendwann doch einmal verkaufen, wenn die »postpandemische Situation«, über die Konzertagenturen und Plattenlabel klagen, den Independent-Musikmarkt weiter zur Verzweiflung bringt und die Hochkultur keine Fördergelder mehr zu verteilen hat.

Apropos Hochkultur: Während ich diesen Text hier schreibe, sitze ich im Zug von Kassel nach Berlin. In Kassel hätte ich heute eigentlich eine Theatervorstellung spielen sollen, sie wurde aber wegen Extremwetters zwei Stunden vor Beginn abgesagt. Extremwetter war in diesem Fall Schnee. Als wir in Kassel ankamen, dachte ich noch: Was für ein schöner Abend, um sich ein Singspiel am Theater anzuschauen und dann romantisch im Schnee nach Hause zu stapfen. Als der Anruf mit der Absage kam, sah ich mich wieder als Kind mit der Mandoline im Arm an der Straßenbahnhaltestelle am Tierpark stehen. Bei dieser Definition von Extremwetter hätte ich damals den ganzen Winter über zu Hause bleiben müssen.

Ich war kurz enttäuscht und überlegte, was ich mit meinem freien Abend in Kassel anstellen könnte. Zur Auswahl standen ein Kneipenabend in der »Mutter« (das Kasseler Pendant zur gleichnamigen Hamburger Institution) oder ein Serienmarathon im Hotelzimmer. Ich konnte dann aber der Aussicht, am

Abend einfach wieder zu Hause zu sein, auch etwas Gutes abgewinnen, cancelte die Hotelreservierung und setzte mich in den nächstbesten Zug zurück nach Berlin.

Vorher holte ich aber noch meine Gitarre und mein kleines Yamaha-Bühnen-Keyboard aus dem Theater ab: Beide hatte ich über Weihnachten auf der Hinterbühne stehen lassen, weil ich dachte, dass ich in der Zwischenzeit ohnehin nicht zum Spielen kommen würde und mir die Schlepperei ersparen wollte. Die ganzen Feiertage über hatte mich ein schlechtes Gewissen geplagt, weil ich meine Buddies so lange allein gelassen hatte. Jetzt liegen sie über mir in der Gepäckablage des ICE, der mit zwei Stunden Verspätung durch eine chillige Winterlandschaft zuckelt. Und ich fühle mich ähnlich erleichtert wie damals mit der Mandoline in der Straßenbahn, froh, heute doch nicht auf der Bühne stehen zu müssen, sondern einfach mit meinen Buddies im Gepäck von A nach B zu fahren.

DER SAUERSTOFF

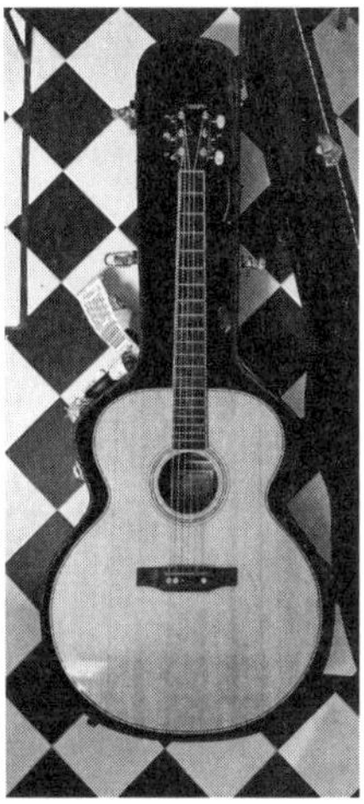

VON ROBYN HITCHCOCK

Es gab mal eine Zeit, als ich noch nicht Gitarre spielen konnte, aber ich weiß gar nicht mehr, wie sich das anfühlt. Gitarre spielen ist für mich, wie für viele andere auch, so natürlich wie atmen: ohne Gitarre kein Sauerstoff. Wenn man aus dem Haus geht, sollte man aus Sicherheitsgründen immer eine dabeihaben. Klar, das gilt bestimmt auch für andere Instrumente, die man mit sich herumtragen kann, etwa die hektische Mandoline oder die flausige Flöte: Aber sie bilden keine solch ikonische Einheit mit dem menschlichen Körper. Hätte Jimi Hendrix eine so eindrucksvolle Figur gemacht, wenn er Dudelsack gespielt hätte?

»Im Alltag bist du immer so ungelenk«, sagte meine Freundin zu mir, als ich zweiundzwanzig war. »Aber wenn du eine Gitarre hast, wirkst du ganz normal.« Im Nachhinein frage ich mich manchmal, warum wir eigentlich zusammen waren. Hätte sie nicht jemanden finden können, der sich in seinem Körper wohlfühlt? Ihr Mann erwischte uns eines Tages im Bett und trat meine Gitarre kaputt; schön und gut, aber das brachte ihm seine Frau auch nicht zurück. Letzten Endes kaufte ich eine neue Gitarre und verließ die Freundin für eine andere Frau, die zwei verstimmte Gitarren unter dem Bett liegen hatte. Wie das Leben so spielt.

Die Frau mit den Gitarren unterm Bett war klug, aber auch sehr ungeduldig. Wir klammerten uns ein paar leidenschaftliche Momente lang aneinander, konnten aber den anderen nicht vor sich selbst bewahren. Bevor wir uns leidenschaftlich voneinander trennten, philosophierten wir am Telefon darüber, ob man wohl wüsste, wenn und dass man gerade zum letzten Mal im Leben Sex hat.

»Das letzte Mal vögeln? Oh Mann, was für ein schrecklicher Gedanke – das ist echt traurig.«

Wenn ich jetzt an das Gespräch zurückdenke, kommt es mir allerdings so vor, als wäre es eigentlich darum gegangen, wie es ist, auf der Gitarre seinen letzten A-Dur-Akkord zu spielen. Vor meinem inneren Auge ist der A-Dur-Akkord dunkelrot. Wenn ich Gitarre spiele, hat jeder Akkord seine eigene Farbe: E-Dur ist golden, C-Dur ist grün, F-Dur ist blau und so weiter. B-Dur klingt violett, aber alle anderen Akkorde mit Vorzeichen erinnern mich eher an Kekse als an Farben. Die synästhetische Wahrnehmung ist subjektiv. Trotzdem macht mir der Gedanke Angst, dass ich eines Tages meinen letzten A-Dur-Akkord spielen werde. Als ich vierzehn Jahre alt war, habe ich zum ersten Mal ein Diagramm für diesen Akkord gesehen, in einem Bob-Dylan-Songbook; seitdem bildet er eine feste Koordinate meines Lebens.

Manche Gitarristen können Noten und Akkorde hervorbringen, die man am liebsten aufessen würde. Martin Carthy spielt seit über sechzig Jahren wahre Delikatessen auf der akustischen Gitarre, in ganz verschiedenen Tunings; er ist vor allem für seine Interpretationen von traditionellen Songs und Instrumentalstücken bekannt. Ich hatte einmal die Ehre, Risotto mit Shrimps für ihn zu kochen, während er in meiner Küche Gitarre spielte. Plötzlich nickte er ein, und die Musik verstummte für ein paar Minuten. Aber zum Abendessen wachte er rechtzeitig wieder auf.

Das musikalische Talent von Syd Barrett war auf einen Zeitraum von drei oder vier Jahren komprimiert; als er Mitte zwanzig war, hatte er alles aus sich herausgepresst, die Tube war leer. Die Art und Weise, wie er die Fender Telecaster spielte, war erlesen. Ich habe ihn nie persönlich kennengelernt, aber ich habe die Marinade seiner Musik in mir aufgesogen. Neben Syd Barrett gibt es nur wenige E-Gitarristen, die ihrer Telecaster einen so köstlichen Klang entlocken können, dass ich davon abbeißen möchte. Wilko Johnson, Bill Harkelroad von Captain Beefheart's Magic Band und Keith Richards sind, in meinen Ohren, ebenfalls Chefköche auf der Telecaster.

Ich habe ihnen genau zugehört und vielen anderen auch. Mein eigenes Gitarrenspiel ist eher eigenwillig im Timing – kürzlich habe ich ein EKG machen lassen und dabei erfahren, dass ich eine Herzrhythmusstörung habe: Hin und wieder setzt der Puls einfach für einen Schlag aus. Das bringt Menschen, mit denen ich musiziere, manchmal ziemlich durcheinander; es steckt keine Absicht dahinter. »Robyn, so wie du spielst, könnte man meinen, dass die Drum-Machine aus dem Takt ist« – das ist der schönste Kommentar, den ich je als Musiker bekommen habe.

Das Entscheidende ist, dass ich einfach sehr gerne spiele. Die meisten Gitarristen, die ich kenne, sind Überzeugungstäter, genau wie ich. Wir spielen, weil wir keine andere Wahl haben, nicht etwa, weil wir glauben, dass es anderen Menschen gefällt. Kein anderer Gitarrist hat mich dabei so lange begleitet wie Kimberley Rew. Wir haben vor fünfundvierzig Jahren bei den Soft Boys gespielt und setzen uns immer noch regelmäßig zusammen, um dieses unglaubliche Gefühl zu genießen, wenn es einfach harmoniert. Gillian Welch und David Rawlings sind zwei weitere Menschen, für die das Musikmachen Lebensgrundlage und Sauerstoff ist – wenn wir uns gegenseitig besuchen, setzen wir uns immer zusammen und spielen, irgendetwas, egal was, stundenlang. Wenn man mit Gitarrengöttern aus der Independent-Szene wie Johnny Marr, Graham Coxon oder Peter Buck zusammenspielt, merkt man ebenfalls, dass sie besessen sind – es steckt ihnen einfach im Blut. Dabei hat jeder seine eigene Handschrift auf der Gitarre, seinen eigenen Stil. Meiner ist vermutlich zu gleichen Teilen von Martin Carthy und dem großen Bert Jansch beeinflusst. In letzter Zeit sind außerdem zwei brillante australische Gitarrist𝄽innen, Annie McCue und Davey Lane, als Vorbilder dazugekommen.

Handschrift in der Luft und in den Ohren: Das ist Musik. Man sieht die Notenköpfe förmlich vor sich, sie hängen herunter wie Weintrauben oder schwirren durch die Luft wie Mauersegler und Schwalben. Ich schreibe gern Texte, ich male gern Bilder – aber von allen Formen der Kreativität ist Musik die intensivste. Ich bin dankbar, dass sie mich gefunden hat.

BIOGRAFIEN DER BEITRÄGER*INNEN

Balbina wurde 1983 als Balbina Monika Jagielska in Warschau geboren und lebt seit 1986 in Berlin. 2011 erschien ihr erstes Album *Bina,* seitdem veröffentlichte sie vier weitere hochgelobte Alben und zwei EPs, zuletzt die Single »Das Gefühl ist tot« (2024). Sie arbeitete unter anderem mit Herbert Grönemeyer zusammen, bei Auftritten wird sie meist vom Deutschen Filmorchester Babelsberg begleitet. Für ihre Songtexte wurde sie 2019 mit dem Deutschen Musikautorenpreis ausgezeichnet.

Budgie wurde 1957 als Peter Edward Clarke in St Helens, England geboren. 1979 wurde er Schlagzeuger der legendären Postpunk-Band Siouxsie and the Banshees und war auf neun Studio- und zwei Live-Alben prägend für deren Sound. Daneben bildete er mit Siouxsie Sioux das Duo The Creatures und arbeitete unter anderem mit Künstler*innen wie John Cale, Anohni, Nick Cave, James Murphy und The Edge zusammen. Zuletzt veröffentlichte er zusammen mit Lol Tolhurst und Jacknife Lee das Album *Los Angeles* (2023).

Console wurde 1973 als Martin Gretschmann in Schongau geboren. Von 1997 bis 2014 war er Mitglied der Band The Notwist, deren Album *Neon Golden* vom BR *Zündfunk* zum »Album des Jahrzehnts« gekürt wurde. Er arbeitete unter anderem mit der isländischen Sängerin Björk zusammen und produzierte mit dem Regisseur Andreas Ammer zahlreiche Hörspiele, darunter das »größte Hörspiel der Welt« *Unendliches Spiel* nach David Foster Wallace (2017). Unter dem Namen Acid Pauli ist er weltweit als DJ unterwegs.

Danielle de Picciotto wurde 1965 in Tacoma, Washington geboren und lebt seit 1987 als Malerin, Zeichnerin, Musikerin, Autorin und Filmemacherin in Berlin. 1989 initiierte sie mit Dr. Motte die erste Loveparade, als Musikerin arbeitete sie unter anderem mit Crime & the City Solution, The Tiger Lillies, Die Haut, Malaria und Mick Harvey zusammen. Mit Alexander Hacke von den Einstürzenden Neubauten bildet sie die Gruppe hackedepicciotto. Zuletzt veröffentlichte das Duo das Album *Keepsakes* (2023).

Jochen Distelmeyer wurde 1967 in Bielefeld geboren. Bekannt wurde er als Sänger, Gitarrist und Songschreiber der Band Blumfeld, die zwischen 1992 und 2006 sechs hochgelobte, für die deutschsprachige Popmusik prägende Alben veröffentlichte, etwa *L'État et moi* (1994) und *Jenseits von Jedem* (2003). Seit der Auflösung der Band ist Distelmeyer als Solokünstler und Schriftsteller tätig, zuletzt veröffentlichte er das Album *Gefühlte Wahrheiten* (2022).

Yuriy Gurzhy wurde 1975 in Charkiw in der Ukraine geboren und lebt seit 1995 in Berlin, dort gründete er 1999 mit dem Autor Wladimir Kaminer die legendäre Veranstaltungsreihe »Russendisko«. Er ist Gitarrist und Sänger des Berliner Ska-Punk-Reggae-Folk-Kollektivs RotFront, außerdem Mitglied der Gruppen The Disorientalists sowie Kaminer & die Antikörpers. Er hat zwei Alben mit Serhij Zhadan veröffentlicht und komponiert Theater- und Filmmusik. Neben seiner Arbeit als Musiker und DJ ist Gurzhy auch als Schriftsteller tätig, zuletzt veröffentlichte er das Buch *Richard Wagner & die Klezmerband. Auf der Suche nach dem neuen jüdischen Sound in Deutschland* (2022).

Bernadette La Hengst wurde 1967 in Bad Salzuflen geboren und war von 1990 bis zu deren Auflösung im Jahr 2000 Sängerin, Gitarristin und Songwriterin der Hamburger Band Die Braut haut ins Auge. Seither veröffentlichte sie zahlreiche Solo-Alben, arbeitete als Theaterregisseurin (zum Beispiel *Integrier mich Baby*, Thalia Theater Hamburg 2011), als Radiomoderatorin (*Die Sendung mit Bernadette La Hengst* bei Radio Eins) sowie als Chorleiterin. Zuletzt erschien ihr Album *Visionäre Leere* (2023).

Matthew Herbert wurde 1972 in England geboren und ist einer der vielseitigsten Soundkünstler der Gegenwart. Neben seiner Arbeit als DJ, Produzent und Remixer (etwa für Björk, Yoko Ono oder Róisín Murphy) umfasst sein Werk Filmmusiken, Auftragskompositionen (unter anderem für das Royal Opera House in London oder die Deutsche Oper Berlin), weltweite Auftritte mit der Matthew Herbert Big Band, einen Roman, eine Doktorarbeit zur Musique concrète sowie zahlreiche Konzeptalben, die Alltagsgeräusche in Musik verwandeln. *The Horse* erschien 2023.

Robyn Hitchcock wurde 1953 in London geboren und war von 1976 bis 1981 Sänger, Gitarrist und Songwriter der psychedelischen Rockband The Soft Boys. Seit deren Auflösung hat er zwei Dutzend Soloplatten und zahlreiche Live-Alben veröffentlicht, auf denen er von Größen wie Michael Stipe, Johnny Marr, John Paul Jones, Yo La Tengo oder Sean Ono Lennon begleitet wird. 1998 widmete ihm der Regisseur Jonathan Demme den Konzertfilm *Storefront Hitchcock*. Zuletzt veröffentlichte er das Album *1967: Vacations in the Past* (2024).

Andreas Martin Hofmeir war Gründungsmitglied der Gruppe LaBrassBanda und ist Professor für Tuba am Mozarteum in Salzburg. Als Solist konzertierte er unter anderem mit den Münchner Philharmonikern, dem Rundfunk-Sinfonieorchester Berlin sowie der NDR Radiophilharmonie. 2013 wurde er als erster Tubist mit dem ECHO Klassik als Instrumentalist des Jahres ausgezeichnet. Zuletzt veröffentlichte er mit seinem duo tuba & harfe die CD *Besser ohne Worte* (2019) und als Autor die Bücher *Kein Aufwand: Schrecklich wahre Geschichten aus meinem Leben mit der Tuba* (2016) sowie *Hundsgemeine Instrumentenkunde* (2024).

Inga Humpe wurde 1956 in Hagen geboren, mit ihren Bands Neonbabies, DÖF sowie Humpe & Humpe gehörte sie in den Achtzigern zu den wichtigsten Interpretinnen der Neuen Deutschen Welle. Seit dem Jahr 2000 bildet sie zusammen mit Tommi Eckart das Elektropop-Duo 2raumwohnung, das bislang acht Studio- und mehrere Remix-Alben veröffentlicht hat und dreimal mit einer Goldenen Schallplatte ausgezeichnet wurde. 2019 erschien ihr Buchdebüt *Wir trafen uns in einem Garten*, 2022 das Album *Club Mix Collection*.

Steven Isserlis wurde 1958 in London geboren. Als Solist konzertierte er unter anderem mit den Berliner Philharmonikern, dem Gewandhausorchester Leipzig, den Wiener Philharmonikern und dem Tonhalle-Orchester Zürich. Er wurde unter anderem mit dem Robert-Schumann-Preis und dem Piatigorsky-Preis ausgezeichnet, war zweimal für einen Grammy nominiert und wurde 1998 in den Rang eines Commander des Order of the British Empire erhoben. Neben zahlreichen preisgekrönten Aufnahmen veröffentlichte er auch mehrere Bücher, zuletzt *The Bach Cello Suites. A Companion* (2021).

Benjamin Koppel wurde 1974 geboren, veröffentlichte mit achtzehn Jahren sein Debüt und hat seitdem über siebzig Alben als Solist aufgenommen. Er arbeitete unter anderem mit Randy Brecker, Charlie Mariano, Sheryl Crow und Uri Caine zusammen. 2007 erhielt er den europäischen Jazzpreis Django d'Or in der Kategorie »Contemporary Star of Jazz«, 2011 wurde er für seine Verdienste um die Musik in den Rang eines Chevalier des Arts et des Lettres erhoben. Sein erster Roman ist 2024 unter dem Titel *Annas Lied* auch auf Deutsch erschienen.

Sebastian Krämer wurde 1975 in Bad Oeynhausen geboren und lebt seit 1996 als Chansonnier und Liedermacher in Berlin. Er hat er über ein Dutzend Alben veröffentlicht, für sein Schaffen wurde er unter anderem mit dem ersten Preis in der Sparte Chanson beim Bundeswettbewerb Gesang (2003), mit dem Deutschen Kleinkunstpreis (2009) sowie dem Deutschen Musikautorenpreis (2017) ausgezeichnet. Für sein jüngstes Album *Liebeslieder an deine Tante* erhielt er 2021 den Jahrespreis der Deutschen Schallplattenkritik. Alle Texte von Sebastian Krämer erscheinen in alter Rechtschreibung.

PeterLicht, eigentlich Meinrad Jungblut, veröffentlicht seit dem Jahr 2000 Popsongs, Prosa, Essays und Theaterstücke. Sein Text »Die Geschichte meiner Einschätzung am Anfang des dritten Jahrtausends« wurde 2007 beim Ingeborg-Bachmann-Wettbewerb in Klagenfurt mit dem 3sat- sowie dem Publikumspreis ausgezeichnet. Seine Stücke wurden unter anderem an den Münchner Kammerspielen, dem Berliner Maxim Gorki Theater und dem Theater Basel aufgeführt. Zuletzt veröffentlichte er den Roman *Ja okay, aber* (2021) sowie das Album *Alles klar* (2024).

Nils Petter Molvær wurde 1960 in Langevåg, Norwegen geboren. Sein Solo-Debüt *Khmer* (1998) gilt als Meilenstein des elektronischen Jazz und wurde von der Zeitschrift *LA Weekly* zum Jazzalbum des Jahres gewählt. Molvær arbeitete mit einer Vielzahl von Musikern aus den unterschiedlichsten Genres zusammen, unter anderem mit dem Jazz-Schlagzeuger Jon Christensen, dem Ambient-Musiker Bill Laswell, dem Techno-Produzenten Moritz von Oswald sowie dem jamaikanischen Reggae-Duo Sly & Robbie. Zuletzt veröffentlichte er das Album *Certainty of Tides* (2023).

Anne-Sophie Mutter wurde 1963 in Rheinfelden, Baden geboren und konzertiert seit fast fünfzig Jahren in allen bedeutenden Musikzentren der Welt. Sie hat über dreißig Werke uraufgeführt, Komponisten wie Witold Lutosławski, Krzysztof Penderecki und John Williams haben Werke für sie geschrieben. Seit 2011 tritt sie außerdem mit ihrem Solisten-Ensemble »Mutter's Virtuosi« auf. Sie ist unter anderem Trägerin des Großen Bundesverdienstkreuzes, des französischen Ordens der Ehrenlegion, des Bayerischen Verdienstordens sowie des Großen Österreichischen Ehrenzeichens.

Thorsten Nagelschmidt wurde 1976 in Rheine geboren und ist seit 1993 Sänger, Gitarrist und Songschreiber der Gruppe Muff Potter. Mit seiner Band hat er bislang neun Studioalben aufgenommen, außerdem war er Herausgeber und Autor des Punk-Fanzine *Wasted Paper* und veröffentlichte fünf hochgelobte Romane. Für seine schriftstellerische Tätigkeit wurde er unter anderem mit dem Alfred-Döblin-Stipendium ausgezeichnet. Zuletzt erschien von ihm der Roman *Soledad* (2024) sowie, mit Muff Potter, das Album *Bei aller Liebe* (2022).

Masha Qrella wurde 1975 als Mariana Kurella in Ostberlin geboren. Mit ihren Bands Mina, Contriva und NMFarner war sie in den Neunzigerjahren für die Berliner Post-Rock-Szene prägend, seit 2002 ist sie als Solokünstlerin erfolgreich. Als Theatermusikerin arbeitet sie unter anderem mit der Regisseurin Friederike Heller sowie der Gruppe Gob Squad zusammen, als Filmmusikerin unter anderem mit den Regisseurinnen Nana Neul, Diana Näcke und Monika Treut; auf ihren Platten sind Gastkünstler wie Dirk von Lowtzow und Tarwater vertreten. Qrella hat bislang sechs Solo-Alben veröffentlicht, zuletzt *Woanders* (2021), für das sie den Preis der deutschen Schallplattenkritik erhielt, sowie mit ihrem Duo Halo die Platte *In the Company of No One* (2024).

Frank Spilker wurde 1966 in Herford geboren und gründete 1990 die Indie-Pop-Gruppe Die Sterne. Mit seiner Band hat er bislang zwölf Studio-Alben aufgenommen und die Sprache um zahlreiche Wendungen bereichert – Zeilen wie »Was hat dich bloß so ruiniert?« oder »Wir hatten Sex in den Trümmern und träumten« gehören längst zur deutschen Idiomatik. 2013 veröffentlichte Spilker seinen Debütroman *Es interessiert mich nicht, aber das kann ich nicht beweisen*. Zuletzt erschien von ihm die Songtext-Sammlung *Ich scheiß auf deutsche Texte* (2023) sowie die Sterne-Kompilation *Grandezza* (2024).

Aki Takase wurde 1948 in Osaka geboren und lebt seit 1987 in Berlin. Sie arbeitete unter anderem mit Maria João, John Zorn, John Scofield sowie ihrem Mann, dem Jazzpianisten Alexander von Schlippenbach, zusammen. Für ihre zahlreichen Aufnahmen wurde sie mit dem Jahrespreis der deutschen Schallplattenkritik, dem SWR-Jazzpreis, dem Jazzpreis Berlin sowie dem Deutschen Jazzpreis ausgezeichnet, 2021 wurde Takase für ihr Lebenswerk der Albert-Mangelsdorff-Preis zugesprochen. Zuletzt veröffentlichte sie das Album *Japanic Forte* (2024).

Michael Wollny wurde 1978 in Schweinfurt geboren und gilt als der international erfolgreichste deutsche Jazzpianist der

Gegenwart. Er hat mit Jazz-Ikonen wie Joachim Kühn, Heinz Sauer, Albert Mangelsdorff und Nils Landgren, aber auch mit klassischen Größen wie Pierre-Laurent Aimard, dem Leipziger Gewandhausorchester oder den Berliner Philharmonikern zusammengearbeitet und war Artist in Residence beim Norwegian Wind Ensemble. Für sein Schaffen wurde er unter anderem mit dem Preis der Deutschen Schallplattenkritik, dem Bayerischen Staatspreis für Musik sowie dem ECHO Jazz ausgezeichnet. Die französische Académie du Jazz wählte ihn 2015 zum Europäischen Jazzmusiker des Jahres. Seit 2014 ist er außerdem Professor für Jazz-Klavier an der Hochschule für Musik und Theater Leipzig. Zuletzt veröffentlichte er die Alben *Ghosts* (2022) mit seinem Trio und *DUO* (2024) zusammen mit Joachim Kühn.

Tabea Zimmermann wurde 1966 in Lahr geboren und 1987 als jüngste Professorin Deutschlands an die Musikhochschule Saarbrücken berufen. Als Solistin ist sie unter anderem mit dem Royal Concertgebouw Orchestra Amsterdam, dem Symphonieorchester des Bayerischen Rundfunks, den Berliner Philharmonikern sowie dem BBC Philharmonic aufgetreten, Komponisten wie György Ligeti, Heinz Holliger und Wolfgang Rihm haben Werke für sie geschrieben. Sie wurde unter anderem mit dem ECHO Klassik, mit dem Verdienstorden der Bundesrepublik Deutschland sowie dem Ernst von Siemens Musikpreis ausgezeichnet.

DANK

Für Inspiration, Unterstützung, Kontakte und Resonanz danke ich von Herzen: Jo Ambros, Isabel Bogdan, Andreas Brandis und Michael Gottfried von ACT, Wendy Cunningham von Accidental, Elisa Erkelenz und David-Maria Gramse a.k.a. Des Pudels Kern, Svenja Flaßpöhler, Oliver Frank, Julia Giordano und Julia Zehner von S. Fischer, Martin Kaluza, Elisabeth Keck, Tim Kroker, Florian Leonhard und Patrick Smith von Florian Leonhard Fine Violins, Tobi Müller, Dan Richter, Justé Survilaite von Le Tigre Noir, Reinhard und Tobias Werner sowie Katharina Wilts von Klett-Cotta. Ich danke Frauke Ahlers, Sonja Bremer, Alexandra Kracht und Christoph Steskal vom Ullstein Verlag für die unermüdliche und stets erfreuliche Zusammenarbeit sowie den Übersetzern Ulrich Sonnenberg und Jochen Winter. Ich danke allerherzlichst Anna Ingerfurth für die großartige Covercollage. Mein größter Dank gebührt aber natürlich den Beiträgerinnen und Beiträgern dieses Bandes.

ABBILDUNGSNACHWEIS

S. 11: © Frank Spilker
S. 21: © Florian Leonhard, Fine Violins
S. 33: © Tabea Zimmermann
S. 41: © Irène Duval
S. 55: © Nobuko Miki
S. 61: © Inga Humpe
S. 69: © Florian Werner
S. 79, 83–89: © Danielle de Picciotto
S. 93: © Meinrad Jungblut
S. 101: © Peter Clarke
S. 113: © Nils Petter Molvær
S. 121: © Benjamin Koppel
S. 133: © Hans Grünthaler
S. 139, 143, 145: © Michael Wollny
S. 147: © Balbina Jagielska
S. 155: © Martin Gretschmann
S. 163: © Matthew Herbert
S. 173: © Yuriy Gurzhy
S. 185: © Sebastian Krämer
S. 197: © Stella Flatten
S. 205: © Thorsten Nagelschmidt
S. 217: © Mariana Kurella
S. 231: © Robyn Hitchcock